KB014387

캐비닛의 비밀

캐비닛의 비밀

국회의원 이재정의 적폐청산 프로젝트

초판 1쇄 발행 2018년 3월 26일

지은이 이재정 전진한
펴낸이 오은지
책임편집 변홍철
디자인 박대성
펴낸곳 도서출판 한티재 등록 2010년 4월 12일 제2010-000010호
주소 42087 대구시 수성구 달구벌대로 492길 15
전화 053-743-8368 팩스 053-743-8367
전자우편 hantibooks@gmail.com 블로그 www.hantibooks.com

ⓒ 이재정 전진한 2018
ISBN 978-89-97090-83-9 03300
책값은 뒤표지에 표시되어 있습니다.
이 책 내용의 일부 또는 전부를 이용하려면 저작권자와 한티재의 서면 동의를 받아야 합니다.

이 도서의 국립중앙도서관 출판예정도서목록(CIP)은 서지정보유통지원시스템 홈페이지
(http://seoji.nl.go.kr)와 국가자료공동목록시스템(http://www.nl.go.kr/kolisnet)에서
이용하실 수 있습니다. (CIP제어번호: CIP2018007511)

캐비닛의 비밀

하승수
설문원
박원순
심용환
조영삼
대담

적폐청산 프로젝트
국회의원 이재정의

이재정 지음 — 전진한 기획

한티재

정세균 국회의장

　　많은 분들이 이재정 의원 하면 2016년 본회의 대정부 질문에서 보인 황교안 전 국무총리와의 설전을 떠올리지만, 나의 기억은 20대 총선 전 봄으로 거슬러 올라간다. 그는 "다른 후보들이 모두 수권정당 얘기를 할 때 나는 수권정당이 되기 전 2년의 강한 야당을 책임지겠다"는 연설로 심사위원들의 마음을 사로잡았고, 여성 1위로 비례대표 5번을 배정받았다. 20대 국회를 뜨겁게 달굴 작은 거인이 탄생하는 순간이었다.

　　그 당당함은 원내 대변인에 임명되는 파격적인 행보로 이어졌고, 초선 의원이라고는 믿기 어려운 정무적 판단과 소통으로 1년의 임기를 멋지게 소화해 냈다. 의정 활동에서도 행정안전위원회, 여성가족위원회를 겸하며 소방관 국가직 전환과 처우개선, 경찰개혁, 여성인권 강화에 왕성한 활동을 보여 왔다. 특히 대통령 연설문 유출 의혹에서 시작된 최순실 국정농단 사태에서 그가 보여준 활약은 눈부셨다.

　　박근혜 정부는 청와대 곳곳에 캐비닛 기록과 공유폴더 기록을 방치했고, 그곳에는 국정농단의 증거가 고스란히 남아 있었다. 판도라의 상자와도 같은 캐비닛 기록, 그러나 어느 누구도 그것을 직접 들춰

볼 생각은 하지 못하고 있을 때였다. 어느 날 그는 홀연히 국가기록원을 찾아가 분류조차 제대로 되지 않은 메모 수준의 방대한 캐비닛 기록을 맨손으로 들춰보기 시작했다. 그리고 마침내 박근혜 정부 청와대 캐비닛이 품고 있던 비밀을 세상에 풀어놓았다.

이재정 의원이 캐비닛 진실을 밝혀낸 것은 우연한 일이 아니었다. 그는 대통령기록 문제가 불거지기 전부터 기록학계 및 시민사회와 함께 수차례의 공식·비공식 모임을 통해 다양한 방식으로 등장할 박근혜 정부의 기록을 예측하고, 각 사례별 대응 법리와 시스템적 접근을 대비해 왔던 것이다.

『캐비닛의 비밀』은 그러한 여정이 고스란히 담긴 책이다. 가제본된 원고 한 장 한 장마다 지난 9년간 각 분야에서 대통령기록과 공공기록을 지키기 위해 애써온 기록 고수들의 고민과 의지, 그리고 그들과 함께 기록을 바로 세워가고 있는 이재정 의원의 열정을 확인할 수 있었다. 국가기록원에서 꼬박 이틀 동안 화장실 가는 시간조차 아껴가며 유의미한 기록을 찾아 일일이 옮겨 적던 이 의원의 모습과 "지금 하지 않으면 나중에는 더 힘들어진다"고 한 그의 간절한 목소리가 지금도 생생히 느껴진다.

이재정 의원과 기록의 만남은 운명이다. 조선시대 사관제도부터 정보공개운동, 고(故) 노무현 대통령과 대통령기록, 그리고 최순실 국정농단과 이후 과정에 이르기까지 기록의 역사를 조망하고 현장을 증언하는 이들의 목소리가 앞으로 우리 사회에 어떤 긍정적 변화를 가져올지 기다려진다.

정청래 전 국회의원

　　　　　　국회의원 이재정. 나는 현역 국회의원 시절 인권변호사인 그를 가끔 보아왔다. 언제던가, 그가 국회의원이 되었으면 좋겠다는 생각을 했다. 그와 함께 국회의원을 하면 재미있을 것 같은 막연한 느낌이랄까. 그런데 지금 나는 국회의원이 아니고 그는 국회의원이다.

　이재정 의원, 어느 누구 못지않게 선두에 서서 국회의원으로서 종횡무진 맹활약을 하고 있다. 일 참 잘한다. 나는 진짜로 다른 사람은 몰라도 이재정 의원의 대정부 질문이나 상임위 활동을 찾아서 살펴본다. 그가 하는 말이 옳기도 하거니와 영향력도 있다. 대중으로부터 박수갈채를 받을 만하다.

　특히, 그가 국가기록원에 가서 자기 손으로 일일이 써온 국가기록에 대한 '이재정의 기록'은 국정감사장뿐만 아니라 우리나라 헌정사에 길이 빛날 진실의 기록이다. 광장에서 국정농단에 촛불을 들었던 시민이 있었다면, 여의도에는 진실을 파헤치려는 펜을 든 이재정 의원이 있었다.

　그는 묻혀 있는 진실을 캐낸 정의로운 사관이다. 훌륭한 사관은 글을 잘 쓰는 사람이라기보다 목숨을 걸고 진실을 지키는 사람이다. 시인은 시(詩)를 기술로만 쓰지 않는다. 감동을 주는 좋은 시는 시인의 삶을 통째로 옮겨 썼을 때 큰 감동을 준다. 이재정 의원, 그의 삶이 진실하기 때문에 그의 말에 힘이 있다.

우리는 그동안 정의가 실종되고 상식이 상실된 시대를 지나왔다. 진실과 정의가 승리하고, 정상이 비정상을 이기고, 상식이 몰상식을 이기는 사회의 중심에 이재정 의원이 우뚝 섰으면 좋겠다. 인간 이재정을 응원한다.

일러두기

1. 모든 법률의 약칭은 국가법령정보센터의 규정을 따랐습니다. '공공기관의 정보공개에 관한 법률'(정보공개법), '공공기록물 관리에 관한 법률'(공공기록물법), '대통령기록물 관리에 관한 법률'(대통령기록물법) 등.

2. 이 책에서 말하는 '청와대 캐비닛 문건'은 2017년 7월 14일 청와대 내부 자리배치 변경 중 민정비서관실 캐비닛에서 발견된 300종 등의 문건과 이후 잠겨 있던 캐비닛 등에 방치된 문서가 있는지 추가로 점검하던 중 발견된 문건들입니다. 현 정부 청와대 발표에 따르면 각 캐비닛에서 발견된 문건은 2014년부터 2016년까지 작성된 것으로 총 2,161건에 달하며, 대통령기록관에 이관 조치되었습니다.

3. 이 책에서 말하는 '이재정 의원이 언론에 공개한 청와대 캐비닛 문건'은 대통령기록관에서 필사한 내용 중 '박근혜 정부 대통령비서실장 주재 수석비서관 회의 결과' 자료입니다.

4. 대담 이후에 일어난 사건이나 진행된 재판 결과 등은 각주로 내용을 보완했습니다.

5. 각주는 대담 내용의 이해를 돕기 위해 모두 지은이가 붙인 것입니다.

6. 국내 기록관리법령은 다음 사이트에서 찾아볼 수 있습니다.
   http://www.archives.go.kr/next/data/ordinance.do (국가기록원)

차례

이재정

기록,
잊지 않겠다는
의지의 연대

— '기록'과의 인연

2016년 가을, 기록학회 측에서 대통령기록물 제도 개선에 대한 토론회를 기획해 보자며 처음 의원실로 제안해 왔을 때, 사실은 망설였다.

그때는 최순실 국정농단에 대한 의혹이 막 불거지던 시기였고, 긴박한 정국 상황에서 그 주제는 때늦고 한가로운 일인 듯 느껴졌다. 아니 어쩌면 너무 이른 일이라고 느꼈을지도 모르겠다.

게다가 정권교체의 국민적 염원이 무르익고, 우리 당의 집권 가능성이 적지 않은 상황이었다. 그런 시기에, 제도와 운용에 대하여 쏟아내는 직설과 비판들은 그 날선 칼끝을 다시 우리 진영으로 돌리더라도 감당하겠다는 각오가 있어야 했다. 무엇보다 대통령기록물 제도는 대통령제의 핵심권력인 대통령의 권한을 국민과 역사가 감시하는 강력한 통제장치 중 하나이기 때문이다.

짧은 시간의 망설임이 있었지만, 사실은 망설이는 것은 무용한 일이었다. 처음부터 내가 할 수 있는 선택은 달리 없었다. 대통령기록물 제도의 기틀을 스스로 다지고도 그 제도의 오용에 상처 입은 노무현 전 대통령, 그 기록물과 관련한 배신의 얼룩들을 지우고 교정해야 한다는 역사적 요구를 무시할 권한이 내겐 없었다. 무엇보다 기록 공동체의 통렬한 반성과 고해, 그 위에 무르익어 마련되는 공론의 장은 내가 임의로 여닫을 수 있는 것이 아니었다.

그렇게 '기록'과의 인연이 시작되었다.

─ 기록 전문의원?

나는 행정안전위원회 소속이다. 국가기록원이 소관기관이다. 이에 더해 행정안전부, 경찰청, 소방청, 중앙선거관리위원회, 인사혁신처 등 여러 개 주요기관도 있다. 통상 국회의원의 상임위 의정활동은 다양한 방식으로 상시적으로 이루어지지만, 특히 상임위의 공식 회의(국정감사, 업무보고 등)는 언론에 중계되고 기록(회의록)으로도 남는 등 그 주목도가 월등한 탓에, 그 회의에서 어느 의원이 어떤 이슈를 다루는지가 매우 중요하다. 상임위 회의에서 의원 1인에게 주어지는 질의 시간은 기관장의 답변 시간을 포함하여 고작 7~10분 내외이다 보니, 경찰청, 행정안전부 등 권력형 주요현안이 상존하는 기관에 주력하기 마련이고, 그렇다 보니 나머지 기관들에 대한 주제는 뒤로 미루어지기 십상이다. 각 기관 담당 보좌진이 긴 시간을 들여 준비한 질의와 자료들이라도 모두 드러낼 수 없는 현실에서, 현장의 의원에게 선택과 집중은 불가피하다. 나의 경우 매 질의 때마다 기록물 문제만큼은 반드시 짚어 나갔다.

사실, 캐비닛 문건이 발견되기 전까지, 또는 최소한 국정농단 사태의 막바지에서 황교안 권한대행의 대통령기록물 지정 권한 문제가 불거지기 전까지, 기록 관련 이슈는 상임위에서도 언론에서도 크게 주목을 받는 주제가 아니었다. 그러한 중에도 기록 현장의 여러 전문가들은 박근혜 정권을 통틀어 반드시 되짚고 가야 할 문제이며, 언젠가는 큰 흐름이 반드시 기록 이슈로 회귀할 것이라고 보았다. 나 역시 그런 제안과 관련 제보들을 놓치고 싶지 않았다. 기록학계와 현장 전문가들과의 토론과 간담회만 해도 10여 차례가 넘었고, 의원실에 할당된 정책연구비도 모두 기록문제 연구에 투입했다.

그 덕분에, 황교안 권한대행의 박근혜 대통령기록물 봉인 논란이 벌어졌을 때 뜸들이지 않고 관련 이슈를 주도해 나갈 수 있었다. 황교안 총리의 지정 권한 유무에 대한 법률적 공백에 대비하여 전체 법 취지에 부합하는 해석이 무엇인지에 대한 사전 점검을 충분히 해 둔 덕이기도 했다. 박근혜·최순실 국정농단이 검찰의 수사대상이 되는 가운데, 범죄의 증거들이 대통령기록물법을 핑계로 은폐되는 것을 용인할 수 없다며 기록인들과 함께 결의를 다져온 덕분이라는 것은 길게 말할 것도 없다.

그러는 사이 어떤 이들은 나를 '기록 전문의원'이라 한다. 거듭 말하지만, 이것은 기록 공동체의 깊은 고민과 전문적인 역량에 기댄 타이틀이다. 학계와 시민사회와 수차례의 공식·비공식 모임을 통해 준비한 시간들이 박근혜 정권 말기의 기록 이슈와 캐비닛 기록물에 대한 자신감 있는 대처를 가능하게 했다. 그리고 지금, 새로운 기록물 제도를 모두 함께 고민하고 있다.

― "왜 이재정 의원만 독점하나?"

알다시피 박근혜 정권과 그 공범자들은 탄핵 직전까지 기록을 봉
쇄하고 증거를 인멸하기 바빴다. 이곳저곳 산재한 증거들 가운데서
도 청와대를 비롯한 공적 조직들이 어떤 방식으로 국정농단에 관련
되어 있는지는 쉽게 파악되지 않았다. 그러는 사이 2017년 7월, 소위
캐비닛 문건, 유실기록물들이 청와대에서 발견되었다. 세상의 모든
눈과 귀는 그곳으로 향했다. 감추기를 원했던 이들의 호들갑으로 그
기록물들은 국가기록원으로 이관된 후, 사실상의 봉인 상황에 돌입
한다.

2017년 가을 국정감사를 앞두고 많은 의원들이 국감자료 요구 과
정에서 국가기록원을 주목했지만, 실제로 문건을 입수한 것은 결국
나 혼자였다. 통상의 자료 요구 방식, 즉 의원실에서 개괄적으로 자료
를 요청하면 해당 기관에서 알아서 찾아 복사본으로 의원실에 송부
하는 방식으로 대응하지 않고, 직접 찾아가 자료를 뒤지기로 한 것이
내 전략이었다. 언론사들 간의 보도경쟁 가운데 날마다 언론기사에
'자료출처'로 거론되는 '이재정 의원실'에 대한 성토도 들려왔다. "왜
이재정 의원만 자료를 독점하는가" 하는 불만들이었다.

다른 이유는 없다. '기록' 문제가 논란이 되기 전부터 '기록'을 주목
하고 있었기 때문이다. 다양한 방식으로 등장할 기록들을 예측하고,
각 사례별로 대응 법리와 시스템적 접근, 처리 프로세스를 예상하여
준비하고 있었기 때문이다. 캐비닛 문건이 드러난 순간부터 국가기
록원으로 이관되고 분류되는 사정까지를 일일이 추적하며 체크하고
있었다. 그리고 복사나 교부가 안 되는 상황이라면, 열람이라도 하겠

"어떤 이들은 나를 '기록 전문의원'이라 한다. 거듭 말하지만,
이것은 기록 공동체의 깊은 고민과 전문적인 역량에 기댄 타이틀이다.
학계와 시민사회와 수차례의 공식·비공식 모임을 통해 준비한 시간들이
박근혜 정권 말기의 기록 이슈와 캐비닛 기록물에 대한
자신감 있는 대처를 가능하게 했다.
그리고 지금, 새로운 기록물 제도를 모두 함께 고민하고 있다."

다고 직접 나섰다. 여기에는 그 어떤 편법도 없었다. 기록 전문가들과 함께 오랜 시간 고민을 다지고 묵히면서 팽창한 에너지가 그때그때 바로 집행된 것일 뿐이다.

캐비닛 속 '기록 금광'의 진실을 캐는 데에는 요행이 있을 수 없었다.

— 나의 무용담, 더 이상 반복되지 않아야 한다

신발을 벗어던졌다. 양말마저 벗어 치워 둔 신발 안에 끼워 놓는다. 커트머리에 가까운 짧은 단발머리지만 피부에 닿는 그 머리카락이 거추장스러워 가방 안에 굴러다니던 노란 고무줄로 동여맸다. 이젠 짧은 앞머리마저 시선에 걸리고 신경 쓰인다. 앞머리를 양 갈래로 갈라 실핀으로 고정하고 보니 영락없는 수험생이다.

기록을 열람하기 위해 방문한 대통령기록관에서의 내 모습이다. 주어진 시간 안에 집중하기 위한 준비작업이었는데, 이렇게 적고 보니 참 유난스럽다.

이른 새벽 나서서 업무시간 전 세종시에 도착해 기록관 앞에서 대기하다가, 개장 시간에 맞추어 열람을 시작했다. 매번 자정이 가까운 시간에서야 기록원을 나섰지만, 막대한 기록물 가운데 헤엄치다 보니 시간은 턱없이 부족했다. 화장실 가는 횟수를 줄이기 위해 물 마시는 것을 삼갔다. 사실 기록물 훼손 방지 목적으로 작업대에는 생수조차 둘 수 없도록 했기 때문에, 자리를 옮겨 물을 마셔야 하는 것이 번거롭기도 했다. 식사는 하루 한 끼, 준비해 간 도시락이나 빵으로 때웠다.

박근혜 탄핵 이후 이관된 소위 캐비닛 문건이라 분류되는 대통령 기록물들의 경우 기록물을 생산하던 당시부터 체계적인 관리를 하지 않았던 탓에, 목록에 적힌 표제만으로는 그 내용을 유추할 수 없는 경우가 대부분이다. 그렇다 보니 일일이 모두 들추어 실제 내용을 확인할 수밖에 없다. 그 기록들의 대부분은 일상적이고 평이한 보고나 회의자료 같은 것들이다. 지겨울 만큼 평이한 문서들을 반복해서 읽다 보면 자칫 방심하기 쉽고, 정작 유의미한 내용을 놓칠 수도 있다. 중요한 문서에 긴장도를 지속하는 것보다 더 어려운 일이 평이한 문서 더미 속에서 긴장의 끈을 놓지 않는 것이다.

이처럼 극도로 긴장된 상태로 연이어 4~5시간씩 쉬지 않고 열람하고 이기(移記)하는 과정에 닥치는 가장 큰 어려움은 '신체의 한계'다. 글자 하나 놓치지 않기 위해 최고의 집중도로 속독(速讀)하다 보니, 흡사 몹시 덜컹거리는 차에 앉아 장시간 독서를 했을 때와 같은 멀미 증상, 구토와 현기증 같은 것이 수시로 찾아온다. 그때마다 쉬는 것보다는 이를 악물고 참는 쪽을 택한다. 고속으로 달리다가 잠시라도 정차하는 경우, 다시 이전 속도로 몰입하는 데에는 시간이 걸린다. 우리에게는 주어진 시간이 별로 없다.

속도가 빠를수록 사소한 저항도 크게 작동하는 법이다. 그래서 신발도 벗고 머리도 동여매었건만, 걸음을 부여잡는 또 하나의 방해물은, '장갑'이었다. 소중한 국가기록물의 원본이다 보니, 그 훼손을 막기 위해 하얀 면장갑을 끼고 작업을 해야 했다. 아무리 집중해도 손가락과 기록물 사이의 이물감은 열람하는 내내 가시질 않았다.

국회의원 의정생활 가운데 이토록 '원시적인' 무용담은 다시는 만들지 못할 것 같다. 아니, 더는 반복되어서는 안 된다.

"신발도 벗고 머리도 동여매었건만,

걸음을 부여잡는 또 하나의 방해물은, '장갑'이었다.

소중한 국가기록물의 원본이다 보니,

그 훼손을 막기 위해 하얀 면장갑을 끼고 작업을 해야 했다.

아무리 집중해도 손가락과 기록물 사이의 이물감은

열람하는 내내 가시질 않았다."

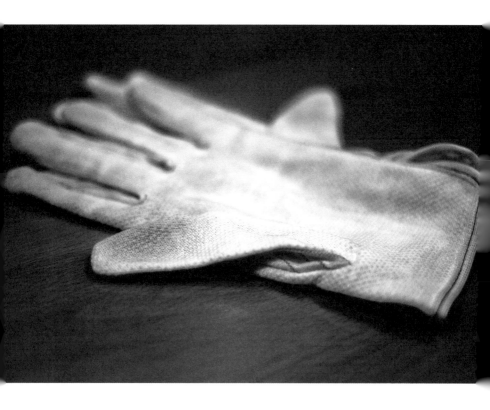

대통령기록물은 공개가 원칙이다. 다만, 예외적으로 대통령기록물 생산을 독려하기 위하여 일정 기간 비공개를 지정할 수 있도록 지정기록물 제도를 법제화한 것이다. '원칙은 공개, 예외적 비공개'를 제도의 얼개로 만든 이상, 법이 정한 바가 없다면 '공개'하는 것이 타당하다. 국가안보, 외교, 사생활 보호 등 개별법에 의한 최소한의 보호 장치를 제외하고는 공개해야 하며, 공개의 대상 역시 국회의원에게 만 한정되어서도 안 된다.

청와대 캐비닛 문건 역시 처음부터 국민 일반에게 공개되었어야 했다. 이러한 소신과 법률적 판단에 따르자면, 대통령기록관에서 나의 기행(奇行)은 애시당초 불필요한 것이었다.

고백하건대 나는 모종의 타협을 한 것이다. 대통령 탄핵 상황에서 발견된 유실기록물들, 법률의 공백과 이를 둘러싼 정치권의 첨예한 공방 가운데, 정치적 타협을 한 것이다. 국민의 알권리를 적시(適時)에 충족할 수만 있다면, 그 최선의 타협에 드는 비용이 나 개인의 수고와 노력이라면 감당하겠다고 생각했다.

하지만, 더는 안 된다. 더 이상 그 누구도 대통령기록물법과 제도의 취지를 훼손하며 타협해서는 안 된다.

국회의원 이재정이 흘린 땀과 수고를 비웃듯이 이제 관련 기록물들이 모두에게 공개되길 나는 바란다. 다른 의원실에서는 의원이 직접 가지 않고도 관련 자료들을 손쉽게 볼 수 있게 되더라도 나는 전혀 억울하지 않다. 우리가 하나하나 손으로 적어 오던 것을 다른 이들은 복사본으로 받아 들고 가볍게 기록관을 나서더라도 전혀 속상하지 않다.

아니 그렇게 되면 참 기쁘겠다. 세월호 유가족들이, 위안부 할머니들이, 자신들의 기록을 언제든 들여다볼 수 있길 바란다. 기자들이나 학자들이 앞다투어 기록들을 연구하고 발췌해, 우리 오욕의 시대를 정리하고 미래로 나아가는 길을 엮어내길 바란다.

이것은 우리 모두의 권리이자 의무이다.

— 드러난 진실들

기록원에서 발견한 문서 중 세간의 주목을 가장 많이 받았던 것은 바로 박근혜 정부의 청와대에서 삼성 경영권 승계에 조력하기 위한 방법을 기획한 내용의 민정비서관실 수기 문건이었다. 이건희를 '왕', 이재용을 '세자'라 칭하며 "지금이 삼성의 골든타임, 왕이 살아 있는 동안 세자 자리 잡아줘야" 한다는 표현은 당시 재벌에 대한 청와대의 인식을 여실히 보여주었고, 재벌과 최고정치권력 간의 모종의 거래, 그 부끄러운 속살은 중국 CCTV에까지 보도되었다.

■ '박근혜 정부 청와대 민정비서관실 작성 수기 문건(2014. 7.)'을 이기(移記)한 내용 중 일부

• 유고사태 장기화 경영권 승계 시나리오가 가시화되고 있다는 평가
• 삼성 신제품 발표에서 신종균 빠짐 → 삼성전자 구조조정 진행
　　　　　　　　　　　　　　　　　→ 신종균도 구조조정이 될 수 있다
• 경영권 승계는 이건희 주식을 상속받아 최대주주 지위를 지키는 문제에 국한되지 않음

― 일 개인이 몇 십조의 자금으로 지배하고 경영할 수 있는 size를 넘어섰음

※ 외국인 투자자, 국민연금 → 경영성과 내지 못하면 경영권 유지 불가능

― 그럼 뭐냐 「이재용이 이건희와 같이 실질적인 최고경영자로 안착할 수 있냐의 문제」

→ 대내외적으로 그룹을 통치할 수 있는 경영능력은 인정받아

※ 이건희 삼성전자를 키운 장본인 → 경영능력에 이의를 제기할 수 없음

※ 현재 이재용은 검증된 바 없음

※ 정의선 기아 → 현대차. 기아차 "언제 돌아오냐"의 말이 나올 정도

지금이 삼성의 golden time, 왕이 살아 있는 동안 세자 자리 잡아줘야

세월호, 메르스 사태, 가습기 살균제와 관련해서도 진상과 원인을 규명하기보다는 피해자들, 유가족들의 목소리를 사회 불온세력이나 잠재적 범죄자의 것으로 몰아 옥죄고 여론을 호도하기에만 급급했다는 사실이 청와대 대통령비서실장 주재 수석비서관 회의록을 통해 밝혀졌다.

■ 대통령기록관에서 일자별로 분류한 '박근혜 정부 청와대 대통령비서실장 주재 수석비서관 회의록' 문건을 이기(移記)한 내용 중 일부

15. 3. 27. 비서실장 지시사항 이행 및 대책(안)/(정책조정수석)(기획비서관)

④ 세월호 1주기 4. 16일 행사 및 일정과 관련, 출입기자들이 취재를 통해 이상한 기사나 추측성 기사 등을 쓸 가능성이 높은데, 각 수석, 비서관, 행정관들은 이에 대해 대외언급하지 않도록 하고 철저한 보안을 재차 당부함(전수석)

— 곧 있을 배보상 신청접수와 관련, 유가족 측 일부가 4. 16일 또는 선체인 양 전까지 신청하지 말자는 움직임도 있었다고 하는데 상황 파악하여 잘 대응하도록 할 것(정책조정수석, 경제수석)

15. 3. 30. 비서실장 지시사항 이행 및 대책(안)/(정책조정수석)(기획비서관)

• 외신기자클럽이 실종자 9명 가족을 불러 기자회견하는 방안을 추진 중이고, 아리랑TV는 4월 세월호 특집을 구상 중이라는 얘기가 있는데, 홍보수석은 사실관계를 파악해 보고 필요 시 대응조치 할 것

15. 5. 8. 수석비서관 회의자료(별첨_주간전망 및 국정이슈 대응 5. 9. ~ 5. 15.)

[3] 세월호 특조위 활동 본격화 대비, 외부세력 개입 차단

— 6월 초부터 특조위 활동 본격화 예상. 좌파의 적극적 개입 움직임 속에 특조위 권한 확대 요구에다 조사방향성·기간 등을 놓고 정부와 충돌 소지

→ 4·16 연대 핵심세력 실체 공개·불법행위 엄정대처로 강경투쟁 세력과 유가족 분리. 조사단 선발 시 비판인물 쏠림 방지대책·쟁점사안 협상논리 사전 점검

15. 6. 24. 비서실장 지시사항 이행 및 대책(안)/(정책조정수석)(기획비서관)

① 메르스 대응 관련, 다음 몇 가지 사항에 대해 적절한 조치를 당부(관련수석)

― 6. 19일 메르스 관련 첫 소송(부작위위법 확인소송)이 제기되었고 앞으로 추가 소송 제기 움직임도 있는 바, 국가배상 주장의 부당성 등을 적극 홍보하는 등 사전 면밀하게 대처할 것(민정수석, 고용복지수석)

15. 7. 6. 비서실장 지시사항 이행 및 대책(안)/(정책조정수석)(기획비서관)

① 메르스 대응 관련, 다음 몇 가지 사항에 대해 적절한 조치를 당부(관련수석)

― 민변 등 일부 시민단체들이 중심이 되어 메르스 유가족들을 선동, 모임화하려는 움직임이 있다고 하는데 감염병 희생자 유가족이라는 점에서 모임화 자체가 부적절함. 관련부처는 이런 움직임이 제어되도록 사전 적극 대응해 줄 것(고용복지수석)

16. 4. 20. 비서실장 지시사항 이행 및 대책(안)/(정책조정수석)(기획비서관)

④ 가습기 살균제 관련 검찰수사가 본격화되면서 그간 정부 조치의 적절성 등이 재 이슈화될 소지가 있는데, 상황관리를 철저히 하고, 피해조사 신청기간 연장 등 예상쟁점에 대해서 대응방향을 미리 검토할 것(미래전략수석)

가장 최근에는 이명박 전 대통령 당시 제2롯데월드 건설과 관련하

여 청와대가 사전에 주도적으로 기획한 것으로 보이는 국방비서관실 작성의 문건을 공개하여, 그간 의혹에 머물렀던 상황에 대하여 향후 감사원 감사 및 검찰수사 가능성을 기대할 수 있게 되었다.

■ 이명박 정부 청와대 국방비서관실 작성 '제2롯데월드 건설추진 관련 여론관리 방안' 문건(08. 12. 15.)을 이기(移記)한 내용 중 일부

1. 각계 예상 반발 동향

[야당, 언론]

• 야당은 대정부 공세 호재로 보고 정경유착으로 몰아붙이면서 국회 내 「국정조사」요구 주장 등 강도 높은 대정부 투쟁 전개

   ※ 여당 내 일부 친박계열 의원들도 "경제우선 논리로 안보를 버리는 것은 위험하다"며 가세 소지

• 좌파언론들은 "대통령과 대학 동기동창 관계"(장경작 롯데총괄사장)에 따른 재벌특혜라면서 정치공세 강화

   ※ 한겨레21 등 주간지 및 온라인 등을 통해 기획보도 형식으로 연재

[군·예비역단체]

• 공군은 롯데 측의 비용부담 등 후속협의가 원만히 마무리될 경우 반발은 어느 정도 해소 전망

• 성우회 등 군 예비역 단체들이 언론을 통해 불만을 표출하는 가운데 공군 예비역 조직(공군전우회 등 70만 명)은 지역별 반대집회 움직임

※ 다만, 예비역 단체 속성상 국가적인 사업추진 강조 시 어느 정도 불만은 누그러질 전망

[지역민]

• 성남지역 주민·국회의원들은 "롯데 측 특혜수용요구 이전에 주변고도제한부터 완화하고, 차제에 서울공항을 완전 이전할 것"을 요구하며 대책위 구성 및 집단행동 돌입

※ '후원의 밤' 등으로 투쟁자금 마련, 서명운동에 이은 대규모 집회 추진

2. 후속 여론관리 방안

유관기관 철저 공조 하에 사업추진 단계별로 여론을 면밀히 관리해나가되 국내외 경제악화·위기상황 지속 분위기를 최대한 활용하여 각계의 정치특혜 논리 등 불만요인을 차단하는 등 선제적으로 대응

[1단계(12.15. ~ 16.) : 정부-롯데 비공식 협의]

○ 기본대응 스탠스 : 정부·사업자 간 협의시기이므로 LowKey 유지

• 언론 사전 유출 시 억측보도 등 파장이 예상되므로 보안철저 유지

• 청와대·국방부·공군이 일관되고 일치된 입장("다각적 검토 중") 견지

※ "현재 국방부/공군에서 여러 가지 방안에 대해 검토 중이나, 아직 결론 내린 바 없음"

o 중점대응방향

• 총리실 주도(국방부·공군 참여) 하 롯데물산 측과 부담내용 협의 및

MOU[롯데물산↔공군115비/8비] 체결 추진(행정협의조정실무위 이전)

• 롯데 측 부담이 당초 소요예산보다 감소(3,400억 원→1,100여억 원)된 데다,

정부가 전폭 지원하는 「마지막 기회」라는 논리로 조기수용 설득

— 특히, 소요재원을 엔화로 충당함에 따라 현 엔화강세로 인해 신속한 의

사결정 시 혜택을 보는 측면 강조

※ 신격호 회장(87세)이 평소 "죽기 전 고국에 명물 하나 지어놓고 가겠

다"고 언급했음을 인용

[2단계(12.19. ~ 22.) : 롯데건축허가 신청 및 서울시 행정협의조정위 재심요청]

o 기본대응 스탠스 : 정부 내부 최종결정과정으로 사안별로 언론활용

• 적극 홍보사안 발생 시 부처 간 협조된 언론브리핑 실시

— 정부 각 부처 및 산하 연구소 소속 인사들의 재벌입장표명 자제

— 「정부 내 이견」 시비가 없도록 명확하고 일관된 정부입장 유지

※ 「PG」 '언론가이드' 마련, 언론의 자의적, 추측성 보도방지(기자브리핑

정례화)

• 필요 시, 국방위 등 국회에 사전설명 방안도 고려

• 대통령실/기무사, 군 수뇌부와 향군 등 예비역 단체에 협조 당부

o 중점대응방향

• 지난 14년간 문민·국민·참여정부를 거치면서 지속검토된 사안인 점을

부각함으로써, 현 정부의 특정기업 특혜 논란에 대응

- 「안보 vs 경제」 이분법적인 시각에서 탈피하여 제반요소 등 감안한 합리적 대안 도출을 강조, 정부의 신중한 해결노력 시사

[3단계(12. 23. ~ 31.) : 행정협의조정위 심의·결정]

○ 기본대응 스탠스 : 정부결정 이후 선제적 홍보조치
- 「행정협의조정위」 심의완료 직후 언론브리핑 추진
- 공군, 국무총리실 언론발표 직후(1시간 편차) 입장발표
- 소모적 논쟁 확산 차단 위해 각계 대상 접촉·설명 등 전개
- 기획홍보 등을 통해 정부의 합리적 의사결정 과정 부각

○ 홍보논리 및 방안
- 안보·경제적 효과, 건축 후 안전 및 법률적 사안 등을 종합적으로 분석한 이후 최선의 해결 대안을 모색한 측면을 강조
  ※ 동편 활주로 3° 변경 및 활주로 운영길이 축소(9000 → 8000ft)로 기존 규제지역 1327만m²이 해제(4개 시, 27개 동)되는 반면, 신규규제 지역이 발생하지 않아 민원발생 사전 예방 가능
- 특히 이해당사자 공군 내부 의견 수렴 ─→ 국방부·합참토의 ─→ 정부 내 공감대 형성 이후 각계 의견을 충분히 수렴, 「최적 대안」 발굴
- 전문가 언론기고·칼럼을 통해 「제2롯데월드」 필요성 적극 홍보
  ※ 항공기와 관제장비 발달로 일본·대만·홍콩 등 인구가 조밀한 국가들은 현재 비행안전구역을 변형하여 운영하고 있는 추세
- 온라인 매체 활용, 경제적 편익문제 집중게재 등 경제효과 부각
  ※ 외자 1.5조 원 사업비 유지, 공사 중 연 250만 명 일자리 창출, 완공

─ 그래서 기록이다

지난 촛불은 '기억하는 시민들'이 나선 역사였다. 상처를 잊지 않고, 연대를 잊지 않고, 미래를 잊지 않은 우리들이 만들어낸 역사이다. 그리고 박근혜 정권 말기부터 적폐청산 국면에 이르기까지, 기록 공동체의 역할도 한몫했다. 솔직한 고해와 자기반성을 토대로 발 빠르게 함께한 것이다.

이제는 기록이다. 기억은 개별적이고 그 기억의 소멸은 불가피하다. 그래서 기록이 중요하다. 함께하는 기억을 세우는 일이다. 잊지 않겠다는 의지로 연대하는 일이다. 기억 앞에 겸허해지는 지성들의 반성이고, 기억을 두려워하는 권력을 감시하는 일이다.

이 책을 통해 기록의 역사를 조망하고 현장을 증언했다. 조선왕조실록부터 제헌의회, 정보공개운동, 기록물법 제정, 노무현 전 대통령, 그리고 박근혜·최순실 국정농단과 그 후의 적폐청산 과정에 이르기까지, 다양한 대화 속에 역사와 철학, 법과 제도, 가치와 의지가 씨줄 날줄로 엮여 있다. 인터뷰이들은 대화의 총체를 제각각의 다짐으로 나눠 가졌다. 국회에 적을 둔 내게는 무너진 국가기록 시스템을 점검하고, 기록을 보존하는 것과 시민에게 기록을 공개하는 것이 갈등하는 것이 아님을 조정하고 보여주는 일이 남아 있다. 무엇보다 우리 국회의원 스스로 기록되며 감시 받는 일을 시작하고자 제도를 고민 중이다.

— 참 고맙습니다

계획보다 출간이 늦어졌다. '기록'을 이야기하다 말고 다시 '현장기록' 안으로 뛰어들 수밖에 없었기 때문에 원고의 마무리가 예정보다 늦어졌기 때문이다. 끈기 있게 기다려준 도서출판 한티재 오은지 대표와 변홍철 편집장께 고마움과 함께 미안함을 먼저 전하고 싶다.

삶과 정치, 기록과 역사가 모두 하나라는 것을 알려준 전진한 소장을 비롯한 기록학계와 기록현장의 전문가들이 이 책의 주인공이다. 그리고 대통령기록관까지의 먼 길에 동행하여 손에 물집 잡혀가며 함께 역사를 필사해온 형현기를 비롯해 성룡, 수철, 나형, 충훈, 재성, 하늘 등 의원회관 502호 이재정 의원실 식구들이야말로 이 책의 공동 저자들이다. 참 고맙습니다.

누구보다 '민주사회를 위한 변호사 모임' 사무차장직을 던지고 나와 함께 여의도, 이 낯선 공간에 뛰어들어, 우리 의원실에서 기록 문제를 주도해 나갈 수 있도록 설득하고 이끌어온 장연희, 그대 참 고맙습니다. 그리고 사랑합니다.

2018년 2월

권력기관에
햇볕을
비추다

+ 하승수

+ 하승수

변호사이자 시민운동가. 1998년부터 변호사로 활동. 제주대 법대 겸임교수를 지냈으며 '투명사회를 위한 정보공개센터' 제1대 소장을 맡았다. 이후에는 녹색당 창당에 주도적인 역할을 했으며, 현재 선거제도 개혁을 위한 비례민주주의연대 공동대표, 국회예산 감시를 위한 '세금도둑잡아라' 공동대표를 맡고 있다. 2018년 3월 중순까지 대통령 발의 개헌안을 준비하는 국민헌법자문특별위원회 부위원장 및 국민참여본부장을 겸임했다. 저서로 『삶을 위한 정치혁명』, 『나는 국가로부터 배당받을 권리가 있다』, 『착한 전기는 가능하다』 등이 있다.

— 대통령지정기록물 제도의 취지

이재정 안녕하세요? 평소 존경하던 하승수 변호사님을 초대했습니다. 현재 국회에서도, 지난 정권이 흘리고 나간 각종 문건을 분석하고 있는데, 여러모로 놀라운 것이 많습니다. 특히 세월호 참사 당시 박근혜 전 대통령에게 최초로 보고한 시각이 지금까지 이야기해 온 오전 10시가 아니라 오전 9시 30분인 것으로 밝혀졌는데요. 이와 관련한 얘기도 오늘 나눠 보려고 합니다. 전진한 소장님과 하승수 변호사님, 두 분은 인연이 깊으신 걸로 아는데요.

전진한 제가 참여연대 정보공개사업단 간사로 처음 일을 시작할 때 정보공개청구에 대해서 강의해 주신 분이 하 변호사님이었지요. 그리고 '투명사회를 위한 정보공개센터'를 창립할 때 소장을 맡으셨고요. 우리나라에서 정보공개청구 소송을 가장 많이 한 분이지요.

이재정 청와대 기록이 이슈가 되는 세상이 되었어요. 캐비닛 문건들이 발견되고 내용도 굉장히 충격적인데요. 감회가 어떠세요?

하승수 박근혜 대통령 탄핵 절차가 시작되고, 황교안 권한대행이 박근혜 기록을 대통령지정기록물로 지정할 때에도 황당했어요. 그런데 그 후 청와대 캐비닛 문건들이 발견되니 너무 어이가 없었죠. 캐비닛에 문건이 남아 있을 정도로 기록관리가 허술했다는 얘기가 되는 거니까요. 그리고 최근에 드러난 것처럼 세월호 최초 보고시간을 9시 반이 아닌 10시로 조작한 것도 충격적이에요.

이재정 그렇죠. 무엇보다 '세월호 7시간'이라는 게 하나의 고유명사가 될 정도로, 음모의 상징이 되었잖아요.

하승수 은폐하려고 한 거죠. 그런데 은폐할 능력도 안 되었던 거죠. (모두 웃음)

이재정 대통령지정기록물 제도*는 왜 생긴 거죠?

하승수 대통령기록물법이 노무현 정부 때 만들어졌어요. 그전 정권까지는 청와대에서 권력이 교체될 때마다 전임자들이 기록을 모두 사적으로 들고 나가거나 임의로 파기했어요. 국민의 세금을 가지고 일을 한 것인데, 기록은 남아 있지 않은 것이지요. 다들 정치보복을

* 대통령지정기록물 제도는 미국의 대통령기록물법을 모방한 제도이다. 군사비밀, 대내외 경제 정책, 정무직 공무원 인사에 관한 기록, 개인의 사생활 관련 기록 등에 대해 15년 동안 기록을 생산한 대통령 본인 이외에는 열람이 제한된다.

무서워한 탓도 있어요. 대통령지정기록물 제도는, 대통령 퇴임 후 15년 정도는 보호해 줄 테니 기록을 남기라는 입법취지가 반영된 것이라고 할 수 있습니다.

그런데 막상 대통령 탄핵 사태가 벌어지자, 이 제도가 오히려 범죄를 은닉하는 수단으로 쓰이는 거예요. 제도를 만드는 데 참여했던 기록학회 분들은 탄핵 같은 일을 예상하지 못했다고 하더군요. 그런데 탄핵 사태가 나면 기록이 더 철저히 공개되어야 하는데, 오히려 은폐수단으로 쓰이니 황당한 일이죠.

전진한 이 제도는 사실 미국의 대통령기록물법을 참조한 것입니다. 미국에도 한국의 대통령지정기록물 제도와 유사한 법이 있어요. 미국은 12년간 열람을 제한합니다. 저는 이 제도를 만들 때 국가기록연구원에서 일했고 그전에는 참여연대 정보공개 활동가였기 때문에 기록학회와 시민단체 사이의 중재를 많이 했습니다. 당연한 이야기이지만, 알권리는 기록이 보존되어 있을 때 의미가 있거든요. 예를 들어 우리나라는 과거 대통령들의 기록이 없으니 지금은 정보공개청구를 할 수도 없어요. 제가 조사한 자료에 따르면 김영삼 전 대통령 쌀개방 조치 당시의 연설문, 노태우 당시 민정당 대표의 6·29 선언문, 국보위 회의록 등이 현재 존재하지 않습니다. 이러니 대통령지정기록물 제도를 만들어야 한다는 논의가 있었던 것입니다.

문제는 미국 같은 경우에는 대통령이 탄핵을 당하면 국립기록관리처장이 기록과 관련된 모든 권한을 행사해요. 미국의 국립기록관리처장은 차관급이고 종신직이라 정치적 독립성을 확보하고 있거든요. 그런데 우리나라 국가기록원은 행정안전부 산하 기관이고 원장의 평균 재임기간이 1년밖에 되지 않아요. 역대 원장은 다 공무원이었고요. 이러니 권력의 눈치를 볼 수밖에 없어요. 제도는 수입했는데, 그것이 제대로 작동할 수 있는 시스템은 도입하지 않았던 것입니다.

이재정 원칙적으로 국가의 공적인 기록물들은 공개되는 게 맞는데, 공개만 강조하다 보면 기록을 제대로 남기지 않는다는 거죠. 그래서 후세의 지식으로 정보가 전달될 수 있도록 하기 위해, 한동안은 공개를 유예한다는 것이 대통령지정기록물 제도의 취지인 거죠?

하승수 그렇습니다.

이재정 그런데 법의 공백이 생겼을 때에는 무엇을 우선으로 해야 되는지, 그게 문제였던 것 같습니다. 탄핵된 대통령이 만들어 놓은 기록은 범죄 증거일 수도 있지요. 그러니 정치의 차원에서는 공개되는 것이 맞는 것 같아요.

하승수 그것 때문에 제가 황교안 권한대행의 대통령지정기록물 지정행위가 위헌이라고 헌법소원을 제기한 것입니다.

전진한 더 중요한 것은 그 대통령지정기록물조차 믿을 수 없다는 것입니다. 제가 대통령기록관 직원들에게 세월호 참사 당시 대통령 행적 7시간 관련 자료는 진짜 지정된 게 맞는지 물어봤어요. 그런데 그 직원들은 자기들도 확인할 수 없다고 해요. 그러니까 현재까지 제대로 된 기록이 있기나 한 것인지 모르는 겁니다. 오히려 비정상적으로 발견되고 있는 캐비닛 문건에서 기록이 나오고 있지 않습니까?

이재정 하도 비정상적인 권력을 경험하다 보니까 제도적으로 허술했던 부분이 너무 많이 보여요.

전진한 노무현 전 대통령은 대통령기록물법을 제정하면 후임 대통령들이 기록을 많이 생산할 거라고 기대했습니다. 그런데 그 후임인 이명박·박근혜 전 대통령은 오히려 자신들의 행적을 은폐하는 수단으로 이 대통령기록물법을 악용했어요.

이재정 청와대에서 누락한 기록물들이 결국 국민들에게 조금씩 공개되고 있습니다. 그런데 자유한국당은 "지정기록물로 되었어야 마땅한 것을 이런 식으로 공개하는 것은 여당의 도리가 아니다" 하고 반발해요. 거기에 대해서 반박을 좀 해 주시죠. 정말 지정기록물로 보는 게 맞나요?

하승수 잘 아시겠지만 대통령기록물은 일반기록물과 지정기록물로 나누게 되어 있고, 또 지정기록물은 최소화하는 것이 원칙입니다. 그런데 자유한국당은 모든 자료를 지정기록물로 만드는 것이 원칙인 것처럼 얘기하고 있어요. 대통령지정기록물은 최소화하고 나머지는 일반기록물로 하여 공개가 가능하도록 만드는 것이 원칙이라고 생각합니다. 만약 캐비닛에서 공개된 문건이 아무 문제가 없는 문건이었다면, 이렇게 논란이 되지도 않았겠지요.

전진한 기록하면 안 될 일들이 거기에 기록되어 있으니, 얼마나 당황했겠어요. (모두 웃음)

이재정 그런 상상을 한번 해봤어요. 만약 지금 발견되고 있는 캐비닛 기록들을 대통령지정기록물로 지정해서, 그게 5년, 10년, 30년 묶여 있다가 나중에 드러났다면 어떻게 되었을까. 그러면 재판에서 범죄를 입증하는 증거로 사용할 수 있는 건데도 그렇게 쓰이지 못하고, 공소시효는 만료될 수도 있었을 겁니다.

하승수 그렇죠. 박근혜 대통령은 재임 전의 잘못이 아니라 대통령 재임 당시에 청와대에서 했던 일들 때문에 탄핵되고 구속돼서 지금 재판을 받고 있는 거예요. 따라서 그와 관련된 기록들은 수사에 제공되는 것이 맞다고 생각합니다. 그래야 최소한의 사법적 정의를 세울 수 있으니까요.

전진한 현재 대통령기록물법에서도 관할 고등법원장이 해당 대통령지정기록물이 중요한 증거에 해당한다고 판단하여 발부한 영장이 제시된 경우에 한하여 압수수색을 할 수 있도록 하고 있습니다. 국회에서도 국회 재적의원 3분의 2 이상의 찬성 의결이 이루어진 경우, 대통령지정기록물을 공개할 수 있는 장치는 있습니다.

─ 싹수가 보였던 사법연수원 시절의 하승수

이재정 하승수 변호사님 개인에 대해서도 좀 알고 싶어요. 하승수 변호사님은 지금 변호사 일을 안 하고 계신 걸로 알고 있는데요.

하승수 안 한 지가 좀 오래됐죠. 휴업한 지가 12년 정도 된 거 같네요.

이재정 어떤 계기로 휴업하신 거예요? 보통 변호사들은 본업을 유지하면서 다른 활동, 가령 공익활동 같은 것을 병행하는 분들이 많은데요.

하승수 1998년에 변호사 개업했다가 2004년에 1차로 휴업했는데요. 당시 부안 핵폐기장 문제가 터져서 제가 주민투표관리위원회 사무처장을 맡았습니다. 두 번째 휴업은 2006년 4월에 제주대학교 교수로 가게 되어 휴업하게 되었지요. 그런데 제가 제주대학교 교수를 8학기 정도 하고 그만두었어요. 이후에 변호사 개업을 다시 할까 하다가, 개업하지 말고 시민운동이나 열심히 하자고 결심했어요.

이재정 그럼 변호사 개업 안 하고 주력했던 운동은 어떤 운동이었나요?

하승수 제주대학교 교수로 있을 때 전진한 소장님이랑 같이 정보공개센터도 창립했고, 제주대학교 교수 사직 후에 정보공개센터 일을 하면서, 어린이·청소년 관련된 운동을 해볼 생각을 하고 있었어요.

그런데 2011년 후쿠시마 원전사고가 터지면서는 녹색당 창당하는 일에 매진하게 되었습니다. 그 이후 변호사 일은 사실 안 하고 있는 것이지요.

전진한 사법연수원 당시의 일화도 유명하던데요. 연수생 신분으로서 사법부를 비판하는 글을 쓰셨다고 들었습니다. 그때 만드신 잡지 이름이 뭐예요?

하승수 『사법연수』라는 잡지를 만들었고, 거기에 검찰과 법원을 비판하는 글을 썼었죠.

이재정 아니, 아직 알에서 깨어나지도 않은 사법연수생이 어떻게 그런 일을 할 생각을 하셨어요?

전진한 어떤 글을 쓰신 거죠?

하승수 해방 이후 검찰의 행태를 비판하는 글을 썼습니다. 그때 난리가 났어요. 사법연수원에 있던 검찰 출신 교수들이 비상회의를 열 정도였지요.

전진한 어마어마했군요.

하승수 당시 제가 참여연대에 자원봉사를 다닌 것도 문제가 됐어요. 그때 참여연대에서 만들었던 잡지가 『사법감시』지였어요. 이 잡지를 전국에 있는 판사·검사들에게 다 보냈거든요. 그런데 그 잡지 만드는 것을 사법연수생들이 도와주고 있으니 얼마나 화제가 됐겠어요. 사법연수원 교수님들이 자제하라고 몇 번을 말했어요.

이재정　그런데 선배님이 연수생 시절에 참여연대를 뚫어 놓으시니까, 저도 그 뒤로 자원봉사를 갈 수 있었습니다. 거기서 전진한 소장을 만났지요.

전진한　그리고 이재정 의원 이후에 박주민 변호사(현재 국회의원) 부인인 강영구 변호사가 2차 시험 마치고 왔었어요. 시험결과 기다리면서 활동하셨고, 사법연수원 가서도 활동을 계속했지요.

이재정　하 변호사님은 '시민단체 최초 상근변호사'라는 타이틀도 가졌는데요.

하승수　연수원을 마칠 무렵, 시민단체에 상근변호사가 필요하다는 논의가 있었어요. 비상근변호사로는 한계가 있다는 것이지요. 제가 이상훈 변호사하고 1999년에 개업을 했습니다만, 1년 정도 하다가 "별로 돈도 못 버는데 우리 그냥 참여연대 가서 일이나 하자"고 결심했지요. 당시 사무처장이었던 박원순 변호사(현재 서울시장)와 상의해서 상근을 시작했었죠.

이재정　겸손하게 말씀하시지만, 솔직히 그때만 해도 변호사가 돈을 못 벌던 시절은 아니지요. 어떤 결단이 필요했을 거 같습니다. 그런데 저도 민변 활동을 하긴 하지만, 그렇게 활동하시는 민변 변호사들 보면 그 일이 '희생'이라고 생각하고 시작하시는 분들은 없더라고요. 진짜 일이 좋아서 하신 것 같아요.

하승수 그때는 진짜 할 일이 많고, 또 아주 재미있었어요. 참여연대에서 할 일이 참 많았죠.

전진한 사진 보니까 소액주주 운동도 같이 하신 것 같던데요.

하승수 장하성 교수님(현재 청와대 정책실장)하고 재벌개혁 운동도 했고, 정보공개, 사법감시, 국회감시, 예산감시 등 할 일이 너무 많았습니다.

전진한 그때 정보공개청구 소송을 많이 하신 걸로 알고 있습니다. 특히 판공비 공개 소송 같은 것들을 많이 하셨죠?

하승수 제가 연수원 수료하던 때가 정보공개법이 시행되던 첫 해였어요. 1998년이지요. 그래서 시범적으로 정보공개청구를 많이 했습니다. 국회의원들이 이용하는 국회 내 건강관리실 사용실태에 대해서도 정보공개청구하고, 경찰청, 자치단체 등에도 정보공개청구를 했어요. 특히 서울시 예산서류를 보는데, 거기에 판공비(업무추진비)가 있더라고요. 그것에 대해 정보공개청구를 한번 해봤더니 비공개 결정을 했어요. 그래서 소송을 많이 했죠.

전진한 그때 하 변호사님이 서울시를 상대로 정보공개청구 소송을 하신 게 총 4만6천 페이지에 달했습니다. 그 재판이 제가 간사를 맡고 있을 때 마무리되었어요. 재판에 승소해서 4만6천 페이지 자료를 받으러 갔더니, 서울시청 담당직원이 얼굴이 완전히 상기되어서 10%만 받아 가시면 안 되냐고 묻더군요. 전체를 다 복사하려면 한 달도 더 걸린다고 하면서. 그 직원과 실랑이를 하다가 겨우 3천 페이지 정도를 복사해서 받아 나왔던 기억이 납니다. 그 정보공개청구 소송이 무려 4년 정도 걸렸어요.

이재정 우리 사회에서 사실 국민들이 접근하기에는 어려운, 그러면서 국민들 위에 군림하고 있는 기관들을, 정보공개청구라는 방식으로 견제하고 감시하는 일을 시작하신 셈이네요. 좀 교과서 같은 질문입니다만, 그 당시 시작하셨던 정보공개청구에는 어떤 의미가 있다고 생각하셨나요?

하승수 우리가 돌파구를 만든다는 생각을 했었어요. 말씀하신 대로 정보공개에 대한 개념 자체가 전혀 없었던 권력기관들 또는 기관장들을 상대로 뭔가 의미 있는 선례를 만들어야 한다는 생각이 컸습니다. 당시만 해도 정보공개법은 만들어졌는데 공공기관들이 전혀 준비가 안 되어 있었어요. 청구를 해보면 정보공개가 뭐냐고 우리한테 도리어 물어볼 정도였으니까요. 심지어 소송을 하면 판사들이 놀라는 거예요. 이런 법이 있었느냐고요. (웃음) 판사들조차 이 법의 존재를 제대로 모르고 있는 실정이었습니다.[*]

그때 기억나는 일이 있는데요. 1999년에 국세청을 상대로 정보공개청구 소송을 했는데, 소송 중간에 자기들이 일부 공개를 하겠다고 합의해서, 자료를 공개하는 날에 국세청 소득세과에 갔습니다. 국세청 소득세과가 자영업자들에게 과세할 때 '표준소득율'을 적용하는 제도가 있어요. 자영업자의 매출 중에서 순이익이 몇 퍼센트인지를 평균적으로 정해 두는 거죠. 이걸 표준소득율이라고 하는데, 이게 탈세를 조장하는 효과가 있었어요. 그래서 그 문제를 사회적으로 제기하려고 했던 정보공개청구 소송입니다. 그런데 국세청 소득세과 담당 사무관이 "공개를 하긴 해야 되는데 어떻게 공개해야 할지 모르겠다"며 캐비닛에서 서류들을 뒤지는 거예요.

그걸 보니까, 캐비닛에 서류가 막 쌓여있는 겁니다. 대한민국 자영업자 전체에게 적용되는 표준소득율인데 그 근거가 되는 자료 파일들이 캐비닛에 제대로 정리도 안 된 채로 마구 뒤섞여 있는 거예요. 이 정도로 기록관리 개념이 없던 시절이었습니다. 어처구니가 없었죠.

이재정 말씀을 듣고 보니, 이 연속 인터뷰에 정보공개청구의 대가인 하승수 변호사님을 처음으로 모신 것은 참 잘한 것 같습니다. 정보공개청구를 하는 과정에서 기관 스스로도 기록을 제대로 정리하지 않은, 전혀 체계화하지 않은 문제점을 발견하게 된 거지요? 결국 알권리는 정보공개청구와 연결되고, 정보공개청구는 제대로 된 기록이 있을 때에라야 의미가 있다는 얘기가 되는군요.

---

* 정보공개청구권을 보장하는 정보공개법은 1996년 제정되어, 1998년부터 시행되었다. 이는 전 세계에서 13번째, 동양에서는 최초로 도입된 사례다.

하승수 맞습니다. 이런 일은 공공기록물법이 제정되기 전의 일입니다. 정말 깜짝 놀랐어요. 그래서 제가 캐비닛에 있는 서류들을 나중에 어떻게 처리하는지 물어보았습니다. 나중에 정리해서 기록물 철을 만들어서 국가기록원으로 보낸다고는 하는데, 그 실태를 보니 국가 시스템이 생각했던 것보다 훨씬 더 엉성하다는 것을 절실하게 느꼈어요.

전진한 저도 2003년도에 「세계일보」의 "기록이 없는 나라" 기획 때문에 당시 행정자치부 문서고에 들어가 봤는데요. 심지어 거기에 6·25 때의 관련 기록이 쌓여 있는 거예요. 깜짝 놀랐습니다. 담당 팀장한테, 이 기록들을 왜 국가기록원으로 넘기지 않았느냐고 물었더니, 답변이 가관입니다. 그런 게 있는 줄 몰랐다는 거예요. 자기도 처음 봤다는 거예요. 담당 총무팀장이 자기도 그 부서에 부임한 지 얼마 안 되었고, 그래서 그 기록을 처음 보는 거라고. 이번 청와대 캐비닛 문건도 그런 식의 허술한 기록관리 관행에서 나온 것 아닌가 짐작합니다.

하승수 그 캐비닛 자료들은 청와대의 기록관리 수준이 다시 1980~90년대로 돌아가 버렸다는 것을 상징적으로 보여주는 것이라 할 수 있습니다. 결국 박근혜 정부의 청와대가 바로 그 수준이었다는 것이지요.

이재정 제가 청와대 캐비닛 문건이 도대체 어떤 내용인지 궁금해서 국가기록원을 다녀왔는데요. 원래는 지난 여름부터 계속 국가기록원에 자료요청을 했어요. 그런데 분류가 끝나지 않았다, 끝나면 주겠다고 안 주는 거예요. 어쩔 수 없이 직접 갈 수밖에 없었습니다. 추석연휴 바로 앞두고 꼬박 이틀에 걸쳐, 아침부터 밤까지 제가 기록을 보고 체크한 부분을 보좌관이 필사하는 방법으로 적어 왔어요. 정말 화장실 가는 시간이 아까워서 물도 안 마셨다니까요. 열람하면서 놀란 것이 있는데요. 청와대 캐비닛 문건에서 발견한 것 중 하나가 스프링 노트로 되어 있었는데, 이명박 정부 당시 교육문화수석실에서 작성한 문건이었어요. 당초 청와대에서 미처 파악을 못 하고 있었던 겁니다. 저도 그냥 박근혜 대통령 캐비닛 문건이라고 생각했는데, 제일 밑에 있었던 거예요. 말씀하신 대로 그냥 주먹구구식으로 막 쌓아놓다 보니, 있는 줄도 모르고 밑에 남아 있던 서류였던 거죠.

전진한 박근혜 정부 청와대가 기록물 관리를 전혀 안 했다고 봐야죠. 담당 직원들이 그냥 막 쌓아두다가 이번에 어이없게 다 드러난 겁니다. 이런 것이야말로 '적폐'라고 해야지요.

— 박근혜 정부, 청와대는 적폐 그 자체였다

이재정 다시 아까 이야기로 돌아가서, 하 변호사님은 '세월호 7시간' 정보공개청구를 하셨는데요. 그 일은 지금 어떻게 되고 있죠?

하승수 지금 고등법원에서 항소심 중에 있습니다.

전진한 처음에 '세월호 7시간' 관련 정보공개청구를 왜 하시게 되었나요?

하승수 2014년 7월인가 「산케이신문」의 서울지국장이 세월호 참사 당일 박근혜 대통령 행적에 관한 의혹 기사를 썼잖아요. 그걸 보고, 대통령의 행적은 당연히 기록으로 남아 있어야 되고, 그걸 공개하면 의혹이 해결될 거라고 생각해서 청구를 해 본 거죠. 그런데 청와대가 공개하지 않아서 소송을 하겠다는 결심을 한 겁니다.

이재정 1심에서 부분승소를 했다고 들었는데, 어떤 부분을 승소하신 거예요?

하승수 법원에서 공개하라고 한 것은 세월호 참사 당일 생산하거나 접수한 기록목록입니다. 또 청와대에서 집행한 예산과 관련한 각종 자료는 공개하라고 했고요. 그런데 정작 중요한 세월호 참사 7시간 동안 대통령에게 보고한 기록은 비공개 결정이 나왔어요. 그 부분만 패소한 거죠.
  그런데 재판부가 '7시간' 관련해서 비공개 열람을 하겠다고 했어요. 정보공개법에 보면 재판부는 기록을 볼 수 있거든요. 소송을 제기한 원고는 볼 수 없지만 재판부가 보고 이게 진짜 공개할 만한가 공개 여부를 판단하는데, 1심 재판부가 그걸 하겠다고 한 겁니다. 그런데도 청와대는 안 보여 줬어요. 나중에 재판부가 왜 재판부에도 비공개하는지 이유를 물어도 청와대는 아무 대답도 하지 않았습니다. 그럴 경우 당연히 재판에 불이익을 줘야 하는데, 법원은 비공개 판결을 한 거

"그 캐비닛 자료들은 청와대의 기록관리 수준이 다시 1980~90년대로
돌아가 버렸다는 것을 상징적으로 보여주는 것이라 할 수 있습니다.
결국 박근혜 정부의 청와대가 바로 그 수준이었다는 것이지요.
박근혜 대통령은 대통령 재임 당시에 청와대에서 했던 일들 때문에
탄핵되고 구속돼서 지금 재판을 받고 있는 거예요.
따라서 그와 관련된 기록들은 수사에 제공되는 것이 맞다고 생각합니다.
그래야 최소한의 사법적 정의를 세울 수 있으니까요."

예요. 저는 1심 재판부도 당시에 정치적 판결을 한 거라 생각합니다.*

전진한 이런 큰 참사가 발생했는데, 그 시각 대통령의 행적이 확인되지 않은 것은 우리나라가 처음 아닌가요?

하승수 재판 과정에서 청와대가 제출한 한 장짜리 문건이 있었는데요. 참모진이 대통령에게 분 단위로 보고했다는 내용의 문건이에요. 그 문건에는 오전 10시에 최초보고를 한 걸로 되어 있습니다. 하지만 그게 허위라는 것이 밝혀진 거죠. 애초 오전 9시 반에 최초보고를 했다는 겁니다. 더 놀라운 것은 대통령이 분 단위로 지시를 했다고 되어 있는데, 정작 중요한 지시내용은 기록이 없다는 거예요. 분 단위로 지시를 하긴 했는데 기록이 없다……

전진한 대통령 지시는 참모진들이 다 기록하게 되어 있어요. 말도 안 되는 거짓말이죠.

이재정 박근혜 정부는 사건이 터질 때마다 국민들의 의혹을 통제하려고만 들었잖아요. 의혹을 제기하는 사람들이 사회를 분열시키고 현혹하고 있다는 말을 흘리면서요. 그렇게 보면 참 일관성은 있는 정부였던 것 같아요.

---

* 이 대담 이후인 2018년 1월 16일, 서울고법 행정4부(부장판사 조경란)는 하승수 변호사가 대통령 비서실장 외 2명을 상대로 낸 정보공개 거부처분 취소 소송 항소심에서 원심을 파기하고 각하 판결했다. 법원 관계자는 "공개 요청한 정보 대부분은 대통령기록물 관리에 관한 법률에 따라 대통령기록관으로 이관됐기 때문에 청와대가 보관하고 있지 않다"며 "소송의 법률상 이익이 없다는 취지"라고 설명했다.

하승수　그렇죠. 간단히 공개했으면 문제가 안 되는데, 결국 국정농단 스캔들 터지면서 다 드러나고 있는 거죠. 어쩌면 문제가 너무 많았기 때문에 공개를 못 했다고 볼 수 있겠지요. 대통령이 정상적으로 직무를 보고 있었다면 그 기록을 공개하지 못할 이유가 있겠습니까?

이재정　세월호 특조위를 구성하던 단계부터 운영하는 단계까지, 청와대에서 노력했던 것은 '박근혜 7시간'을 조사 대상에서 빼는 것이었습니다. 그 다음에 청와대에 우호적인 사람을 세월호 특조위에 인선해서, 한명 한명을 컨트롤하려고 했던 것이고요.

전진한　저는 당시 청와대에서 '세월호 7시간'의 진실을 아는 사람이 직원 500명 중에 거의 없다고 생각해요. 박근혜 대통령은 항상 그렇게 움직였던 거 같아요. 참모들도 모른다는 거죠. 이게 바로 비극의 시작이라고 생각합니다.

이재정　다른 나라의 경우는 어떤가요? 대통령의 행적이 이렇게 기록에서 사라지거나 또는 국민들의 해명요구에도 답변할 수 없는 경우가 있었나요?

전진한　있을 수 없는 일이죠. 미국 조지 부시 전 대통령이 9·11 테러 터졌을 때 30분인가 행적에 공백이 있었어요. 테러 일어나고 30분 동안 행적이 모호하다고, 그때도 탄핵 논의가 있을 정도였거든요.

이재정　30분 때문에 탄핵까지 논의되었는데……

SEWOL
REMEMBER 0416

© 장영식

전진한 불과 30분 가지고도 그 정도 논란이 되었는데, 이건 배가 다 뒤집어질 때까지 완전히 행적이 없어진 거죠.

하승수 일본에서는 후쿠시마 원전사고 후에 『관저의 100시간』* 이라고, 신문사 기자가 회고록을 냈는데요. 우리말로도 번역되어 나와 있어요. 그걸 보면, 후쿠시마에서 지진이 일어나고 원전사고가 발생한 당시 100시간 동안 총리 관저에서 어떤 일이 있었는지가 실시간으로 다 기록되어 있어요. 그 책을 보면 당시 간 나오토 총리는 진짜 이 100시간 동안 나름대로 노력했다는 것을 알 수 있어요. 후쿠시마 사태는 엄청난 재난이지만, 당시에 총리가 뭘 했는지는 알 수 있는 거죠. 후쿠시마 원전사고 당시 어디에서 대처가 잘못되었는지도 기록으로 다 남아 있기 때문에 평가가 가능한 겁니다.

이재정 어떤 상황에서 비록 대처가 부적절하거나 부족했다고 하더라도, 그것을 반면교사 삼아 다음 집권자가 다른 방식으로 좀 더 잘 대처하기 위해서는 이런 상황들이 기록되어야 하는데, 우리는 그렇게 할 수 있는 기초가 없었던 것 같습니다.

전진한 당시 제가 근무하던 '투명사회를 위한 정보공개센터'는 세월호 참사 직후인 4월 17일부터 해양수산부 홈페이지를 뒤졌어요. 해수부 위기 대응 매뉴얼이 있더군요. 정확한 명칭은 「해양사고(선박) 위기관리 실무 매뉴얼」인데요. 거기에 청와대 국가안보실이 위기관리

* 기무라 히데아키, 『관저의 100시간』, 정문주 옮김, 후마니타스, 2015.

의 컨트롤타워라고 기재되어 있었습니다.(자세한 내용은 각주 참고) 그걸 딱 공개했더니 언론들이 청와대에 전화해서 문의를 하더군요. 그런 데 그게 '옛날 버전'이라고 청와대가 대답했다는 거예요. 그래서 저희 가 해수부에 전화해서 물었습니다. 이거 청와대에서는 '옛날 버전'이 라고 하는데 사실이냐, 하고요. 그랬더니 해수부 직원들이 아무 대답 도 못 하는 거예요. 그 매뉴얼은 2013년 12월에 작성된 겁니다. '옛날 버전'이라는 게 말이 안 되잖아요.

이재정 이거 혹시 그때 다른 증거 같은 거 있나요?

전진한 당시 저희가 계속 전화해서 확인했습니다. '옛날 버전'이라 고 말하고, 그 후에 이 매뉴얼을 바꾼 거예요. 현재 정보공개센터가 이 문건조작에 대해 고발해 둔 상태입니다.*

하승수 허위공문서작성죄로 고발한 거죠?

전진한 그렇습니다. 그 매뉴얼에 대해 반박할 수 없었기 때문에 청 와대가 그 뒤로 문건을 임의로 조작한 거지요. 저는 그 해수부 담당 직원의 목소리를 아직도 잊을 수 없어요. '옛날 버전'이라고 하는데 맞느냐 하고 물었더니 아무 말도 못 하던…… 청와대에서 그랬다는 데 어쩌겠어요. 배는 뒤집히고 아이들은 죽어가는데, 청와대에 있는 자들이 자신의 책임만 면피하려고 한 거죠. 지금도 그 생각만 하면 분 노가 치밀어 올라요.

이재정 이후 국회가 함께 움직입니다. 얼마 전에 바른정당에서는 관련된 문제제기를 했는데, 자유한국당 쪽에서 상위법에 그렇게 되어 있다고 하는 거예요. 실제로 2014년 12월에 개정이 되었더라고요. 지침에 맞춰서 뒤늦게 법을 개정한 거죠.

하승수 국가안보실을 만든 이유가, 자기들이 컨트롤타워 맡겠다는 거였는데, 정말 말이 안 되는 얘기죠.

이재정 다른 이야기를 좀 해보겠습니다. 박근혜 정부에서 이상하게 물품 관련한 내용이 화제가 많이 되었어요. 간간이 공개된 것들 보면 청와대 대통령비서실 물품구입 내역에서 침대 등이 문제가 되었거든요. 충격적이었어요.

---

* 2017년 10월 12일, 청와대 임종석 대통령비서실장의 브리핑에서 놀라운 사실이 터져 나온다. 세월호 참사 당시 「국가위기관리 기본지침」에는 청와대 국가안보실장이 국가 위기 상황의 종합관리 컨트롤타워 역할을 수행한다고 되어 있었다. 그러나 이 지침이 2014년 7월 말 김관진 당시 안보실장의 지시로, 안보 분야는 국가안보실이, 재난 분야는 안전행정부가 관장한다고 불법적으로 변경되었다. 임종석 대통령비서실장에 따르면 「국가위기관리 기본지침」은 대통령 훈령으로서, 법제처장에게 심사를 요청하는 절차, 그리고 법제처장이 심의필증을 첨부해서 대통령의 재가를 받는 절차, 그리고 다시 법제처장이 대통령 재가를 받은 훈령안에 발령 번호를 부여하는 등의 법적 절차를 거쳐야 한다. 그러나 이전 정부의 국가안보실은 이 모든 절차를 무시하고 임의로 수정한 지침을 2014년 7월 31일 전 부처에 통보하였다. 정보공개센터는 2014년 4월 24일에 해양수산부 「해양사고(선박) 위기관리 실무 매뉴얼」 분석 결과를 통해 국가안보실이 해양사고(선박)의 예방·대비·대응·복구단계에서 '위기관리에 관한 정보·상황 종합 및 관리'를 담당한다고 밝힌 바 있다. 정보공개센터가 분석한 매뉴얼은 「국가위기관리 기본지침」을 근거로 선박의 충돌, 침몰, 폭발 및 화물유출 등으로 인해 해양에서 발생하는 재난의 안전관리를 위해 부처·기관별 임무·역할 및 협조체계 등을 규정하고 있는 매뉴얼이다. http://www.opengirok.or.kr/4533 [투명사회를 위한 정보공개센터]

전진한 물품구입 내역도 정보공개센터가 정보공개청구를 참 많이 했어요. 그런데 대부분 비공개였어요. 그런데 최민희 전 의원실에서 물품구입 내역 자료제출을 요구했는데 그걸 청와대에서 준 거 같아요. 본인들도 그게 문제가 있다는 걸 인지하지 못하고 있었던 거죠. 예를 들면 침대 3개가 왜 문제가 되는지 말입니다. 그런데 김홍걸 더불어민주당 국민통합위원회 위원장(김대중 전 대통령 3남)이, 그 관저에는 3개가 들어갈 자리가 없다고 해서 문제가 되었던 거예요. 이후에 김치냉장고 얘기도 나왔습니다. 그러니까 침대 3개와 김치냉장고가 왜 거기 들어갔느냐 하는 논란이 일어난 겁니다. 당시에 SNS를 중심으로, 김치냉장고는 약품을 보관하는 용도로 쓰고, 큰 침대는 시술할 때 쓰는 것 아니냐 하는 의혹이 확산된 거죠.

이재정 그때까지만 해도 한낱 괴담인 것처럼 치부했는데, 나중에 알고 보니 구입목록에서 이상한 약품들이 계속 나오는 거예요.

전진한 그 약품 문제도, 원래는 이게 공개될 거라고는 자기들도 생각하지 못했을 거예요. 의사 처방전이 필요한 약품들은 이걸 어느 부서에서 구입했는지 건강보험심사평가원에 다 기록으로 남아 있습니다. 김상희 의원실에서 심평원에 자료제출 요구를 한 건데, 자료를 봤더니 이 많은 약품들이 전부 다 청와대로 갔던 거예요.*

이재정 고산병 예방을 위해서 썼다는 의약품 이야기하시는 거죠?

전진한 처음에는 경호실 경호원들의 체력증진을 위해 썼다고 그랬

어요. (웃음)

하승수 박근혜 전 대통령은 여러 가지 의혹들이 많았습니다만, 대표적으로 매일 바꿔 입던 옷값은 도대체 누가 지출했는지도 큰 관심거리였어요. 그래서 제가 박근혜 전 대통령 의상비용에 대해서도 청구를 해봤어요. 그런데 청와대는 끝까지 개인 돈으로 썼기 때문에 자기들은 아무 기록이 없다고 했어요.

이재정 박근혜 정부에서 원칙 없이 재정을 지출한 것이 너무 많아요. 문재인 대통령이 취임 후에, 개인 용품은 사비로 쓰겠다고 하니까, 비로소 대통령도 사적인 비용을 쓸 수 있다는 것을 알게 된 거죠.

하승수 문재인 대통령이 공사를 구분해서, 사적인 것은 내 월급으로 쓰고 공적인 거는 공금으로 쓴다, 이렇게 원칙을 제시했는데요. 사실 그게 너무 당연한 것인데, 그전에는 전혀 구분이 안 되었던 거죠.

전진한 저는 독일에 갔을 때 에버트 재단 분들이 첫 저녁에 만찬을 열어주셨어요. 에버트 재단 한국지부장을 했던 분이 그 자리에 참석하셨는데, 그분 부인도 한국 사람이라 같이 오셨습니다. 그런데 다음 날 부인이 참여한 것 때문에 작은 문제가 되었나 봐요. 그래서 그 지

---

* 2016년 11월 22일 국회 보건복지위원회 소속 김상희 더불어민주당 의원은 건강보험심사평가원에서 받은 자료를 통해 청와대가 2014년 3월부터 2016년 8월까지 10종류의 녹십자 의약품을 31차례에 걸쳐 구매했고, 가격은 총 2,026만 9,000원이었다고 폭로했다. 청와대가 제약업체 녹십자에서 2년여 동안 태반·감초·마늘주사 등 약품을 사들인 것으로 드러났다.

부장이 부인의 식사비를 에버트 재단 총무과에 납부하는 것을 제가 직접 봤습니다. 그만큼 외국에서는 비용 지출할 때 공사 구분을 철저하게 해요. 우리나라는 누군가 어떤 직급에 올라가면 그 사람이 움직이면서 쓰는 돈을 기관에서 지출하는 것이 마치 관례처럼 되어 있어요. 그게 가장 심한 게 대통령이죠.

하승수 박근혜 정부는 국민들에게 참 많은 충격을 준 거 같아요. 내가 낸 세금이 이렇게 쓰이고 있었나 하는. 심지어 비아그라 사는 데까지 썼다고 하니……

이재정 모욕적이었어요. 정말 말할 수 없는 모욕감을 느꼈습니다.

하승수 액수를 떠나서, 국민의 혈세를 저렇게 쓸 수 있는지……

전진한 지금도 남아 있는 의혹이 너무 많습니다. 밝혀진 건 실제로 100의 1도 안 되는 거 같아요.

하승수 문재인 대통령 취임 이후에는 그래도 공사 구분은 분명히 되고 있는 것 같고, 정보목록 같은 것도 이제는 공개한다고 해서 그나마 참 다행이라고 생각합니다.

전진한 하승수 변호사님이 최근에 문재인 정부 청와대에 정보공개 청구를 해서 제가 심의했습니다. 하하하.*

이재정 두 분, 혹시 서로 짜고 '협업'하시는 건 아니죠?

전진한 아니에요, 전혀. 실제로 청와대 정보공개심의회에 와 보시면 놀랄 겁니다. 매우 철저하게 하고 있어요.

하승수 조금 자세히 말씀드리겠습니다. 저는 문재인 대통령이 이전 정권과 다른 모습을 빨리 보여주면 좋겠다 생각했어요. 그래서 대통령 취임 이후의 정보목록 공개청구를 했습니다.** 문재인 대통령은 다르다는 것을 확인하고 싶었어요. 그런데 처음에 비공개 결정이 나와 버렸어요. 제가 너무 충격을 받았습니다. 이게 어느 선에서 결정된 건가 하는 의문이 들더군요. 아마 대통령은 몰랐겠죠. 그래서 이의신청을 했습니다.*** 이의신청을 하니까, 그러면 정보공개 심의위원회를 구성해야 되는데, 그때 아마 청와대에서 전진한 소장님을 모신 거 같아요.

---

* 이명박·박근혜 정부 청와대는 국민들의 정보공개청구를 심의하는 정보공개심의회를 거의 개최하지 않았다. 문재인 정부는 원칙적으로 국민의 알권리를 위해 정보공개심의회를 강화했다. 위원으로는 이정도 총무비서관, 김형연 법무비서관, 조용우 국정기록비서관 등 청와대 내부인사 3명, 경건 서울시립대 법학전문대학원 교수, 조수진 법무법인 위민 변호사, 전진한 알권리연구소장, 이소연 덕성여대 문헌정보학과 교수 등 외부인사 4명이다.

** 정보공개법 제8조(정보목록의 작성·비치) 공공기관은 그 기관이 보유·관리하는 정보에 대하여 국민이 쉽게 알 수 있도록 정보목록을 작성하여 갖추어 두고, 그 목록을 정보통신망을 활용한 정보공개시스템 등을 통하여 공개하여야 한다.

*** 정보공개법 제18조(이의신청) 청구인이 정보공개와 관련한 공공기관의 비공개 결정 또는 부분 공개 결정에 대하여 불복이 있거나 정보공개 청구 후 20일이 경과하도록 정보공개 결정이 없는 때에는 공공기관으로부터 정보공개 여부의 결정 통지를 받은 날 또는 정보공개 청구 후 20일이 경과한 날부터 30일 이내에 해당 공공기관에 문서로 이의신청을 할 수 있다.

이재정   하 변호사님이 투입하신 거 아닌가요? (웃음)

하승수   그건 아닙니다. 청와대에서는 앞으로 투명한 정책에 대한 의지로 정보공개 전문가들을 대거 모신 거 같습니다.

이재정   그렇군요. 정보공개심의회 참여하신 분들이 박근혜 정부에서는 대표적인 블랙리스트 인사들이었던 것 같네요.

전진한   재밌는 게, 심의위원들이 하 변호사님하고 참여연대, 정보공개센터, 민변 등에서 다 관계가 있는 분들이거든요. 그래서 우리가 굉장히 곤란하더라고요. 심의하면서 이구동성으로 말했습니다. 이거 비공개하면 우리 정보공개심의위원 못 한다! 내부위원들에게 이거 무조건 공개해야 된다고 강하게 말했지요.

이재정   그런 인연 때문에 '국가적 결정'을 하셨다는…… (웃음)

전진한   아니, 그건 아니죠. (웃음) 이건 당연히 공개해야 하는 겁니다. 그런데 이번에 처음으로 공개가 된 것이지요. 사실상 비정상적인 것을 정상화한 것입니다.

— 국회가 먼저 깨끗해져야 한다

이재정   이제 국회 얘기 좀 해볼게요. 하 변호사님은 국회에도 정보

62

공개청구를 많이 하시던데요. 국회에서는 특히 어떤 부분이 가장 문제라고 생각하고 정보공개청구를 하시는지, 또는 국회에서는 어떤 점이 제대로 안 되고 있는지요?

하승수 청와대든 국회든 예산을 쓰는 기관이기 때문에, 결국 예산 집행과 관련된 부분이 가장 중요하고 기본적인 문제라고 생각합니다. 국회도 지금 공개가 안 되는 부분이 많습니다. 대표적으로 특수활동비, 업무추진비 등인데요. 업무추진비는 정부 부처나 지자체는 지금 모두 공개하는데 국회는 아직도 안 하고 있습니다. 법을 무시하고 있는 겁니다. 최근에 「뉴스타파」랑 입법 및 정책개발비 실태를 조사하고 있는데요. 이재정 의원님처럼 토론회도 많이 열고 일을 충실히 하고 있는 의원도 있지만, 그렇지 않은 엉터리 의원들이 몇 명 있어요. 이번에도 보니까 정책자료집을 다른 자료 복사한 수준으로 제출한 사람들이 있더라고요.*

이재정 일을 제대로 하려고 하면 돈은 늘 모자랍니다만……

하승수 예, 잘 알고 있습니다. 얼마나 토론하고 연구할 것이 많겠어요. 시민단체들과 협업할 것도 많고요. 이재정 의원님은 아마 모자라실 텐데요.

전진한 저도 엄청 많이 했잖아요. 기록 관련 토론회 말이죠. 이재정

* "정책자료집 표절 현역의원 25명 확인, 명단 공개", 「뉴스타파」 2017. 10. 19.

의원실과 2016년부터 6~7차례 했던 것 같아요.

하승수 정상적으로 운용했더라면 모자라는 것이 당연하죠. 그런 의원들을 위해서는 사실 예산이 더 배정되어야 할 수도 있습니다. 의정활동을 하는 데 가장 큰 문제는, 실제 일의 결과는 너무 부실한 사람들이 큰돈을 가져간다는 겁니다. 예전에 '투명사회를 위한 정보공개센터'에서 조사했더니, 토론회 한 번 여는 데 천만 원, 천오백만 원씩을 청구해요. 국제토론회도 아니고 국내토론회를 하는 데 말입니다. 모 의원은 자기와 친한 지방의원들을 토론자로 지정해가지고는 예산을 마구 쓰고 있습니다.

이렇게 일을 잘하는 의원과 그렇지 않은 의원이 극심하게 차이가 나고 있어요. 일을 잘하게 만들려면 정보를 공개해야 되잖아요. 그런데 다 비공개예요. 영수증이나 계약서 등은 당연히 공개해야죠. 그런데 국회사무처에서는 공개를 하면 의원실에서 항의가 들어온다고 하소연합니다.

이재정 공개여부는 그냥 사무처에서 판단하시면 될 거 같은데요. 다만 제가 경험해 보니, 그동안 국회도 운영과 관련한 공공기록을 남기고 자료를 제대로 축적한 기관이 아니었다는 것을 알게 되었습니다. 기록을 제대로 남기는 것에 전혀 익숙하지 않은 것 같고, 그러다 보니 기록 자체가 부실할 수밖에 없을 거 같아요. 이번에 정보공개센터에서, 각 의원실에서 생산한 문건에 대해 정보공개청구를 했는데요. 이에 대한 자료를 모으고 정리하는 것이 별도의 일이 되어 버리는 실정입니다. 하지만 이런 관행은 분명히 반성해야 한다고 생각합니다. 기록을 남기는 일에서 너무 자유로우면서 무책임한 사람들이 바로 국회의원들 아닌가 싶습니다.

전진한 실제로 국회의원 중 자신의 기록을 국회기록보존소로 최초로 이관했던 사람이 더불어민주당 정봉주 의원이고, 그 다음에 최대한 가장 모범적으로 매뉴얼을 만들었던 사람이 김기식 의원이에요.* 김기식 의원은 재임 중에 생산했던 기록을 국회기록보관소에 이관했고요. 또 초선의원들한테 정무위 활동은 이렇게 하라는 정무위 활동 매뉴얼을 USB에 담아서 보냈거든요. 훌륭한 활동이었다고 생각합니다.

하승수 국회의원도 일 잘하는 사람과 못하는 사람이 있기 마련이잖아요. 그렇다면 300명에 대한 평가를 해야 하는데, 정보를 공개하지 않으면 평가가 안 되는 거죠. 특수활동비 사용실태도 마찬가지고요.

전진한 제가 KBS 탐사보도팀과 함께 제19대 국회의원 정치자금 사용내역을 다 봤어요. 어떤 의원들은 불법이란 걸 인식하지 못한 채 마구잡이로 정치자금을 사용했습니다. 예를 들면 정치자금으로 고급 안경을 사거나 건강검진을 받은 경우도 있어요. 왜 정치자금으로 안경을 샀느냐고 물어보면, 눈이 잘 보여야 의정활동을 제대로 할 수 있다는 거예요. (웃음)

---

* "정봉주만 국회의원 기록을 남겼다고?", 전진한, 「프레시안」 2016. 3. 30.

이재정 아, 그런 이유로 안경도 살 수 있군요. 저도 렌즈 바꿔야겠는데요. (웃음)

전진한 정치자금으로 신발을 구입한 분도 있고, 어떤 의원은 명품가방도 사셨더군요. 저희가 전화해서 문제제기를 했더니 반납을 했어요. 그나마 중앙선거관리위원회에서 정치자금 정보공개청구에 대해 자료를 공개해서 이런 일이 가능해진 겁니다.

하승수 며칠 전 의원회관에서 국회사무처 정보를 열람했습니다. 그런데 국회사무처가 업무추진비, 예비금, 입법 및 정책개발비는 공개를 안 해서 소송 중에 있습니다. 그중에 국회사무처에서 쓰는 특근매식비를 주의깊게 봤는데요, 말도 안 되는 내역이 발견되기도 했습니다. 가령 한우집에서 100만 원을 쓴 영수증이 붙어있더라고요. 그 부서 인원 100%가 초과근무를 해도 있을 수 없는 액수인 겁니다. 특근매식비를 이런 식으로 쓰면 안 되지요. 국회사무처가 감사를 제대로 안 받으니까 이런 일이 발생하는 겁니다. 지금 청와대도 특별감찰반이 있잖아요. 국회가 국민들 신뢰를 얻으려면, 내부감사 기능을 대폭 강화해야 합니다.

이재정 감사도 감사고, 매뉴얼을 좀 구체적으로 갖출 필요가 있겠네요.

하승수 국회가 예산을 잘 써야 다른 정부기관 국정감사 할 때 힘이 실립니다. 부처 입장에서, 당신들은 엉터리로 하면서 우리한테만 뭐라고 하냐? 그러면 어떻게 할 거예요?

전진한 이런 소송하신 지가 벌써 10년도 넘었지요?

하승수 그렇습니다. 2000년대 초반부터 했으니까요.

전진한 그때도 해외출장비 정보공개청구 엄청 하셨잖아요.

이재정 아까도 해외출장비 이야기를 했는데, 저는 이 부분도 좀 더 정교하게 접근해야 하지 않나 생각합니다. 국회의원 신분으로 해외출장을 가보니까, 실제로 고급정보를 정말 많이 얻을 수 있더군요. 누구라도 만날 수 있고, 조사할 수 있고, 이런 경험들을 국정리포터에 쓰면 우리 사회에 큰 도움이 될 거라는 생각을 했어요.

하승수 예, 맞습니다. 저도 국회의원들이 해외출장을 가지 말라는 것이 아닙니다. 다만 출장비 사용내역 등을 투명하게 공개하고, 그에 비추어 부실한 보고서는 비판할 수 있는 시스템을 갖추자는 취지입니다.

이재정 출장 갈 때 계획을 잘 세우고, 출장 다녀온 결과를 가지고 토론회도 잘하고, 법안에도 제대로 반영하면 참 좋을 거 같아요.

전진한 저는 지금 이재정 의원실하고 정보공개법 개정안을 준비하고 있습니다. 준비하면서 느낀 것입니다만, 이재정 의원이 스웨덴을 꼭 갔다 와야 할 거 같아요. 거기는 중학생들이 정보공개청구하는 것이 일상화되어 있고, 그에 대해 교육도 하고 있어요. 스웨덴은 정보공개법을 1776년에 제정했거든요. 중학교 때부터 학교에서 정보공개청구 실습을 시키는데, 그 실습 대상이 교장선생님이라는 거예요. 제가 그걸 조희연 교육감한테 말씀 드렸어요. 조희연 교육감이 깜짝 놀라면서, 우리도 반영해 봐야겠다고 저한테 말씀하셨어요.

하승수 쉽지는 않을 것 같은데요. (웃음)

전진한 아무튼 정보공개법이 최초로 만들어진 게 스웨덴이라는 걸 우리가 알고는 있지만, 실제로 어떻게 운영되고 있는지는 모릅니다. 공무원들 중에는 정보공개법이 불필요하다고 생각하는 분들이 많은데, 국회의원들이 해외의 선진사례를 직접 보고 와서 법률 개정안을 만들고 제출한다면 더 큰 힘이 실릴 거라고 기대합니다.

이재정 정보공개법은 제도적으로 보완해야 할 부분이 많은 것 같습니다. 앞으로 의원실에서 정보공개법 개정안을 차분히 잘 준비해보려고 합니다.

하승수 정보공개법 개정 정말 중요합니다.

이재정 대통령기록물법 개정안도 마련했는데, 너무 혁신적이어서 많은 분들이 당황해 하더군요.

전진한 개정안이 너무 혁신적이라고, 너무 과격하다고 자꾸 이야기 해요.

이재정 저는 혁신적인 게 좋아요. 스스로 자부심을 느낍니다. 하지만 여당 의원이 발의한 개정안이고, 그동안 제가 대통령기록물이나 기록관리 이슈들에 대해 나름 적극적인 목소리를 내온 의원이다 보니, 정부에서 받아들이는 무게감이 다르다는 느낌을 받았어요.

전진한 이번에 제가 국가기록개혁 TF에 선임되었어요. 그동안 국가기록원장이 행정안전부 장관한테 주기적으로 단독 보고한 자료를 제출해 달라고 했어요. 그런데 기록이 없다는 거예요. 국가기록원이 기록이 없다니 참 재밌습니다.

하승수 중요한 보고는 오히려 정식기록으로 등록하지 않는 관행이 있습니다.

전진한 이게 얼마나 아이러니해요. 저희 국가기록관리혁신 TF 위원들이 기록이 없다는 소리를 듣고 항의하고 난리가 났었거든요. 그런데 직원들도 실제 기록이 존재하는지 자체가 파악이 안 된다는 거예요. 나중에 정식 시스템에는 등록이 안 되어 있고, 담당직원 개인 컴퓨터에 기록이 있는 것을 확인했습니다.

하승수 그게 제일 문제인 거 같아요. 만약에 어떤 민감한 사안이 터지면, 추진된 과정들의 기록이 남아 있지 않은 거예요. 예를 들어 지

자체 같은 경우에, 도지사가 바뀌었는데 선임 도지사가 중요정책에 대해서 어떤 과정에서, 언제 어떻게 결정했는지를 후임이 알 수 없는 거죠. 기가 막힌 현실입니다.

이재정 저는 참여연대에서 자원활동할 때, 왜 이런 책을 굳이 만들까 싶은 것들이 있었는데요. 그게 바로 각종 '백서'였습니다. 가장 기억에 남는 백서가 『김포공항 소음 피해보상 백서』인데, 지금 와서 보니까 정말 중요한 기록이라는 생각이 들어요. 그런 형식의 기록이라도 남겨야 나중에 다시 찾아보게 되더라고요.

하승수 맞아요. 백서를 만들 때에는 그 가치를 잘 모르는데, 나중에 보면 백서가 없어서 진짜 문제가 되는 경우도 있습니다.

이재정 예, 제가 실제로 김포공항 소송 백서를 다시 찾아봤다니까요. 정말 필요하더라고요.

전진한 백서는 사실 책이 아니고 공적 기록인데요. 업무과정이 모두 기록화되는 것이 당연하죠. 미국 얘기를 좀 하자면, 힐러리 클린턴이 지난 대통령 선거에서 트럼프한테 진 결정적 계기가, 국무부 장관 시절 이메일을 사적으로 썼다는 거였어요.* 미국은 이메일이 우리나라 공문과 같은 역할을 합니다. 그런데 국무부 장관이 국무부에서 공용 이메일이 아닌 다른 이메일을 썼다는 것은 곧 직무 시간에 사적인 일을 했다는 의미로 미국사회는 받아들이는 거예요. 국민이 주는 월급 받고 일하는 시간에 다른 일에 신경을 썼다는 의미가 되는 것이죠. 그게 여론에 악영향을 미쳤습니다.

우리 공직자들도 당연히 분 단위나 시간대별 기록을 모두 남겨야 해요. 요즘 변호사들 보니까 15분 단위로 로펌에 보고하는 시스템이 갖춰져 있더라고요. 좀 비인간적이긴 한데, 오히려 우리나라 공공기관이 그런 시스템을 도입해야 한다고 저는 생각합니다.

— 우리 선거 시스템은 공정한가?

이재정 자, 이제 마지막 주제로, 요즘 하승수 변호사님이 가장 집중하고 계신 일에 관해 이야기를 좀 나눠 보죠. '비례민주주의연대', 이게 풀네임인가요? 비례민주주의연대 공동대표 맡으셔서 선거제도 개혁에 힘쓰고 계신데요. 개헌 국면이기도 해서, 국민들 관심도 높아지고 있는 것 같습니다.

하승수 박근혜 탄핵 이후, 지금 해야 할 가장 중요한 일이 국회를 변

---

* 2015년 3월 힐러리 클린턴이 국무장관으로 재직하던 시절에 사적 이메일을 공적인 일에 사용했다는 것이 국무부 감찰관에 의해서 밝혀졌다. 전문가들과 상·하원 의원들은 힐러리가 사적으로 사용한 메일 전송 에이전트와 서버가 미국 연방법과 기록 관리 규정, 국무부 규정 등을 어겼다고 주장했다. 이러한 주장은 2016년 대선에서 힐러리 진영에 악영향을 미쳤으며, 힐러리가 벵가지 스캔들의 방조에 책임이 있다는 주장이 나오게 했다. 힐러리는 국무장관을 그만두면서, 관련 법령상, 개인 이메일을 모두 출력해 사무실에 보관하거나, 국무부에 모든 이메일을 제출해야만 했다. 그래서 2014년 12월 미국 국무부에 3만 개의 이메일 자료를 제출했다. 국무부 업무용이 아니라 개인용 이메일이라면서 이메일 33,000개는 삭제했다. 2016년 8월 22일 FBI는 클린턴의 사설 이메일 서버에서 국무장관 재직 시절 주고받은 이메일 14,900개를 추가로 발견했다. 모든 국무부 업무용 이메일을 국무장관 퇴직 후 모두 국무부에 제출했다고 한 말이 거짓말로 드러났다. ('위키피디아' 참고)

화시키는 것이라 생각해요. 사실 박근혜 탄핵 같은 사태가 외국에서 있었다면, 국회도 동시에 해산되었을 거예요. 많은 민주주의 국가에서는 국회해산 제도가 있고, 사실 대통령이 탄핵될 정도로 엄청난 문제가 있었는데, 그 후에도 국회가 제 기능을 하지 못하고 있다면, 다시 선거를 해서 국회를 구성하는 게 민주주의 원칙에 맞지요.

이재정 예, 국민의 신뢰를 다시 확인하는 게 맞겠죠.

하승수 우리는 독재정권을 오래 겪다 보니까, 정치권력의 독재를 막기 위해 국회해산 제도를 없애버렸습니다. 우리나라에서는 국회해산이 현실적으로 불가능하기 때문에 선거제도를 개정하자는 겁니다. 답은 이미 나와 있어요. 중앙선관위가 제안했고, 문재인 대통령도 공약으로 걸었지요.

이재정 의원님들 지역구 활동만 보더라도 각종 운동단체, 협회, 산악회 따라다니는 것이 가장 큰일 중 하나예요. 새벽부터 나와서 주말은 쉬지도 못하는 거죠.

하승수 요즘에는 그 경쟁이 더 치열해지고 있어요.

이재정 그렇게 만나는 지역의 '유지'들의 생각이 과연 국민 일반정서하고 일치하는지 늘 의문입니다.

하승수 그럼 정당은 뭐냐, 하는 질문을 하지 않을 수 없습니다. 국회

"박근혜 탄핵 이후, 지금 해야 할 가장 중요한 일이
국회를 변화시키는 것이라 생각해요. 사실 박근혜 탄핵 같은 사태가
외국에서 있었다면, 국회도 동시에 해산되었을 거예요.
우리나라에서는 국회해산이 현실적으로 불가능하기 때문에
선거제도를 개정하자는 겁니다. 저희는 선거제도를
'연동형 비례대표제'로 바꾸자고 주장하고 있습니다."

에서는 정당을 중심으로 움직이는데, 그 정당은 정작 선거에서 제대로 평가받지 않고 있으니까요. 지금 자유한국당 실제 지지율과 국회에서 의석을 차지하는 비율이 너무 맞지 않습니다.

저희는 선거제도를 '연동형 비례대표제'로 바꾸자고 주장하고 있습니다.* 이게 핵심인데요. 국회도 바꾸고 지방의회도 바꾸고, 정당이 정당답게 활동하고 의원들도 자기 의정활동에 집중할 수 있도록 하자, 정당에 대한 평가가 그 다음 선거결과로 반영될 수 있도록 만들자는 거죠.

전진한 연동형 비례대표제를 하려면 현실적으로 국회의원수를 늘려야 할 것 같은데요. 그런데 국민들의 정서에서는 아직도 의원수 늘리는 것을 받아들이는 게 어렵다는 것이 과제인 것 같습니다.

하승수 저희 주장은 국회 예산을 동결하고 그 예산으로도 충분히 의석을 360석 정도로 늘릴 수 있다. 국회의 방만한 예산집행을 조금만 개혁하면 되는 일이다. 그리고 국회의원 연봉도 줄이는 것이 필요하다. 왜냐하면 청와대도 이번에 특수활동비를 15% 줄이기로 했지만, 개혁을 위해서는 국회도 사실 전체 예산을 개혁하고 조정하는 게 필

---

* 연동형 비례대표제는 전국 혹은 권역별 정당 득표율에 비례해 정당별 총 의석을 할당하고, 이후 정당별 총 의석수에서 지역구 의석수를 뺀 만큼을 비례대표 의석으로 할당하는 방식이다. 만약 한 권역의 전체 의석이 100석일 때 A정당이 권역 정당 득표율 50%를 얻는다면 이 정당은 총 50석의 의석을 얻는다. 이때 A정당이 권역에서 40명의 지역구 당선자를 낸다면 권역 단위 득표율을 통해 할당받은 50석 중 지역구 당선자를 제외한 나머지 10석을 비례대표로 채울 수 있는 것이다. 이는 정당득표율을 그대로 의석에 반영함으로써, 표의 등가성을 유지하고 다양한 정당들이 국회에 진출할 수 있게 하는 제도라고 할 수 있다.

요하다. 그게 국민들 눈높이에 맞는 국회를 만드는 길이라고 생각합니다. 그렇게 좀 갔으면 좋겠어요.

이재정 사실은 타협안인 셈이지요?

하승수 예, 지역구를 줄이는 것은 아무래도 저항이 크니까요. 지금은 일단 큰 방향전환을 해야 하는 시기라고 봐요. 그래서 지역구 253석은 그대로 두고, 비례대표를 최소 100명 이상으로 늘려서 총 360석으로 늘리자는 겁니다.

전진한 국민들이 비례의원에 대한 불신도 있었잖아요. '전국구'라고 해서, 돈으로 국회의원 되는 사람들 아니냐 하는 부정적 인식 말입니다.

하승수 맞습니다. 우리나라는 '전국구' 제도로 시작되었죠. 지금 정당의 비례대표 공천도 사실 전국구 시절의 관행이 그대로 내려온 겁니다. 당 대표나 유력 의원들이 내리꽂는 방식이고. 군사정권 시절 전국구라는 형태로 도입된 거라서 부정적인 시각이 남아 있죠. 그렇게 왜곡되어 제도가 도입되다 보니까 그런 인식이 남아 있긴 합니다만, 실제로 비례대표 의원들 중에도 일을 잘한 분들도 많았어요. 예전에 김홍신 의원은 비례대표를 두 번이나 했어요. 당시로서는 파격적인 일이었지만, 두 번 다 의정활동을 잘했다고 좋은 평가를 받았지요. 외국의 유명한 정치인들도 비례대표로 다선을 하는 경우가 있습니다. 저는 이재정 의원님은 비례대표만 하셨으면 좋겠어요. (웃음)

이재정　국회의원이 참 다양하잖아요. 어떤 분은 사람 친화적이어서 지역구에서 오히려 장점을 발휘하는 분도 있고, 어떤 분은 정책은 훌륭한데 스킨십이 부족해서 지역구 구도를 못 뚫고 오시는 분이 있는 거죠. 그래서 우리 당 비례대표 의원님들 중에 손에 꼽는 훌륭한 분들도 당 안에서 정작 평가할 때에는, 저분은 지역구 스타일이 아니라고 말해요. 쉽게 말해 비례대표는 두 번 안 준다는 거죠.

전진한　특혜라는 인식이 있기 때문에 그래요.

하승수　그런 개념을 이제 바꿔야 할 것 같습니다.

이재정　질문 있습니다. 연동형 비례대표제를 도입한 유럽의 사례를 보면, 녹색당이라든가 소수자의 목소리를 내는 정당도 있지만, 극우정당들도 덩달아 의회에 들어가게 된다는 비판도 있습니다만.

하승수　그 문제에 대해서는 두 가지를 얘기할 수 있는데요. 먼저 유럽의 극우정당은 우리하고는 배경이 좀 달라요. 예를 들면 네덜란드의 극우정당을 만든 사람은 동성애자입니다. 동성애자가 왜 극우정당을 만들었느냐. 네덜란드는 원래 동성애자까지 포용하는 관용적인 사회였는데 이슬람이 들어와서 반동성애, 동성애 혐오 발언을 하기 때문에 관용의 정신에 어긋난다는 주장을 하는 겁니다. 따라서 극우라는 표현을 쓰긴 하지만, 그 내용은 사실 나라마다 많이 달라요. 최소한 네덜란드의 극우정당은 동성애, 인권문제에 대해 다 적대적인 정당은 아니에요. 오히려 우리 사회가 그런 정당을 극우라고 부를 자격이 있는지 의문이에요.

그리고 또 하나는, 네덜란드 같은 경우는 설령 극우정당이 국회에 들어오더라도 연정 파트너로는 삼지 않죠. 연동형 비례대표제의 장점은, 극단적인 세력이 들어오더라도 결국 그 사람들은 정부에 참여를 하지 못한다는 점입니다.

이재정 예, 그렇군요. 이야기를 마무리할 시간인데요. 현재 우리 국회 상황도 만만치 않은데요. 현재 국회가 당면한 상황에 대해 한 말씀 해주시지요.

하승수 저는 국회 180석이 중요하다고 생각해요.* 청와대나 여당도 굉장히 노력을 많이 하셔야 될 거 같아요. 자유한국당이 120석 넘어가면 다 뒤집어지고 아무것도 못 할 겁니다. 지금은 어쨌든 정치력을 발휘해서, 자유한국당이 120석 되는 것을 막는 게 가장 중요한 것 같습니다.

이재정 오늘 대담 아주 좋았습니다. 대통령기록, 정보공개, 청와대, 국회, 정치구조 등 많은 이야기를 나눴습니다. 이 논의 속에서 많은 제도적 개혁이 일어났으면 좋겠습니다. 고맙습니다.

---

* 국회선진화법 : 쟁점 법안에 대해 재적의원 5분의 3 이상이 동의해야만 본회의 상정이 가능하도록 한 국회법. 국회의장의 본회의 직권상정 요건을 천재지변, 전시·사변 등으로 제한했다. 국회 폭력을 없애고 일방적 법 처리나 몸싸움이 아니라 설득과 대화를 통한 입법을 유도하자는 취지로 2012년 5월, 제18대 국회 마지막 본회의에서 통과됐다.

국가기록원
독립은
가능한가?

+ 설문원

+ 설문원

부산대학교 문헌정보학과 교수. 국가기록관리위원회 표준전문위원, 국가기록원 기록물
공개심의위원, 참여정부 대통령비서실 기록관리혁신 TF 정책자문위원, 한국기록학회
편집위원 등을 역임했다. 지난 10여 년간 기록학 분야에서 가장 활발하게 논문을 발표해
온 저자이며, 2017년에는 미래 기록관리 전문가 양성 노력을 인정받아 '젊은 교육자상'
을 수상하기도 했다. 현재 한국기록학회 회장이며, 「공공기관의 책임성 강화를 위한 기록
평가제도의 재설계」, 「기록관리 원칙의 해석과 적용에 관한 담론 분석」 등 다수의 논문이
있다.

─ 의미도 있고 재미도 있는 학문, 기록학

이재정 안녕하세요? 오늘은 부산대학교 문헌정보학과 설문원 교수님을 모시고 대담 진행하겠습니다. 교수님 저 멀리 부산에서 여의도까지 방문해 주셨어요. 2017년 2월 16일 저희 의원실에서 주최했던 '국가기록관리기구 독립성 확보를 위한 토론회' 때 처음 인사드리고, 오늘 두 번째 인사드리네요. 정말 반갑습니다.

설문원 기록관리를 주제로 한 대화 모음집을 기획한다는 소식을 듣고 놀랐어요. 기대가 됩니다만, 과연 제가 인터뷰 상대로 적합할지는 의문입니다. (웃음) 아무튼 반갑습니다.

이재정 아주 적합한 대담 손님이신 거 같은데요. 기록학도의 자세로 교수님과의 인터뷰를 기다렸습니다. 문헌정보학을 전공하셨는데, 어떻게 기록관리 쪽과 인연을 맺으셨는지 궁금해요.

설문원 저는 2000년에 문헌정보학과에서 박사학위를 받았는데, 학위논문 주제가 공공정보 유통정책이었어요. 논문 쓰는 과정에서 기록학 문헌들도 접하게 되었는데요. 공공정보와 공공기록은 그 범주가 유사한데 관리방법이나 학문적 토대가 다르다는 점이 흥미로웠어요. 2000년은 공공기록물법이 시행되고 한국기록학회가 창립된 해이기도 합니다. 박사학위를 받고 사단법인 국가기록연구원으로 자리를 옮긴 후, 비로소 기록학 연구를 본격적으로 하게 되었어요.

전진한 저도 명지대 기록관리대학원 다니면서 교수님에게 기록관리를 배웠습니다. 수업시간에 매일 졸았던 문제 학생이었어요. 그때는 수업이 왜 그리 힘들고 어렵게 느껴졌는지 모르겠어요. 수업시간마다 질문을 하시는데, 질문의 날카로움 때문에 잠에서 깨던 생각이 나네요.

설문원 하하하. 저는 두 가지 점에서 기록학에 끌렸어요. 모든 학문이 궁극적으로는 사회와 역사의 진보에 기여해야 하지만, 기록학이나 기록관리는 민주주의 실현에 직접적으로 기여할 수 있다는 점이 좋았고요. 당대뿐 아니라 후세대를 위해 기록을 남기는 데 기여하는, 말하자면 미래를 위한 학문이라는 점이 좋았습니다. 기록학을 가르치는 어떤 선생님이 기록학이 "의미는 있는데 재미는 없다"고 말씀하셨는데, 저는 재미도 있었습니다. 내가 하는 연구가 제도와 정책에 직접 반영될 수 있다는 희망도 컸고요.

이재정 교수님은 외부에는 많이 알려지지 않았지만 '기록학 1세대'

라고 들었습니다. 기록학이라는 학문을 시작할 때 많은 어려움이 있었을 텐데요. 가령 교재 개발이라든지, 해외 학문동향 분석 같은 일거리가 만만치 않았을 것 같습니다. 어떻게 그 많은 작업을 진행하셨는지 궁금해요.

설문원 우리나라 행정기관들이 일제강점기의 관행이 여전히 남아있던 문서관리 체제에서 벗어나서 비로소 현대적인 기록관리로 진입하게 된 결정적 계기는 공공기록물법(당시는 '공공기관의 기록물관리에 관한 법률')의 제정입니다. 역사학을 전공한 선생님들이 당시로는 혁명적인 법제를 만드는 데에 크게 기여하셨습니다. 나중에 들은 이야기인데, 공공기록물법이 그런 엄청난 법이라는 걸 알았더라면 행정직 공무원들이 입법에 결사반대했을 거라고들 해요. 입법 당시에는 이 법률이 공직업무의 방식에 어떤 영향을 미칠지 많은 사람들이 정확히 몰랐다는 겁니다. 기록관리의 문화가 조성되지 않은 상황에서 현대적 기록관리 제도가 말하자면 하향식으로 이식되었기 때문에 많은 문제들이 발생하게 됩니다. 이 대목은 나중에 기회 되면 이야기하지요.

이재정 공공기록물법 제정이 현대적인 기록관리로 진입하게 된 결정적 계기였다니, 다시 한번 법 제정의 중요성에 대해 생각하게 되네요.

설문원 아무튼 이 법에 따라 정부기관을 포함하여 모든 공공기관이 기록물관리 전문요원을 의무적으로 배치해야 했고, 이 새로운 전문직을 양성하는 것이 시급했습니다. 기록물관리 전문요원이 되려면 해당 학문의 석사학위에 상당하는 자격을 갖추어야 했기 때문에 목포대를 필두로 명지대, 한국외국어대 등이 기록관리학 석사과정을 개설했습니다. 지금은 아마 22개 정도의 대학원에서 기록학 프로그램을 운영하고 있는 것으로 알고 있습니다. 저도 2002년부터 명지대 대학원에서 기록학 강의를 시작했어요. 공부하면서 겨우 가르치는 형편이었는데, 사실 다른 교수님들도 마찬가지였던 것 같아요. '수연회'라는 모임을 만들어 명지대의 김익한, 이승휘 교수님, 지금 국가기록원장으로 일하고 있는 이소연 원장, 국가기록원의 이승억 연구관이 한동안 함께 공부하고 토론했습니다. 수요일마다 만나서 이름이 '수연회'였어요. 이소연 원장은 당시에 한국국가기록연구원 선임연구원으로 일하고 있었고요.

전진한 '수연회'는 저도 처음 듣는 얘기네요. 당시 모여서 어떤 공부를 했는지 궁금합니다.

설문원 2002년 당시에 기록학을 가르치는 선생님들은 대체로 역사학 연구자들이셨기 때문에 보존기록관리(archives management, AM) 중심의 논의가 대부분이었고 현용 기록관리(records management, RM)에 대한 관심은 덜했어요. 국가기록원으로 이관된 이후는 AM의 영역이지만, 그전에 각급 기관에서 기록을 어떻게 생산하고 관리해야 하는가 하는 것은 RM의 문제거든요. RM 분야의 최초의 국제표준인 ISO(국제표준화기준, International Organization For Standardization) 15489(기록관리표준)가 2000년에 제정되었는데도 우리 기록학계는 잘 몰랐어요. 이소연 원장과 저는 ISO 15489를 번역하고 보급하는 교육

프로그램을 운영하기도 했어요. 2004년 혁신 이후 RM 논의가 활발해지면서 많은 연구가 이루어졌어요. 안병우, 이영학 교수님을 비롯하여 김익한, 곽건홍, 임진희 선생님이 큰 활약을 하셨지요. 저는 2009년 부산대학으로 자리를 옮긴 후부터는 로컬리티 기록화 연구를 했어요. 지방대학 교수로서의 의무감이라고 할까요? 그런 마음으로 할 일을 찾았어요.

이재정 와, 부산대에서 교수로 활동하신 지도 벌써 10년이 되어 가네요. 역시 내공이 남다르십니다. 기록 관련 인터뷰를 여러 차례 진행했지만, 오늘 가장 전문적인 이야기를 듣게 되는 거 같아요.

설문원 하하하. 그런가요? 그리고 2000년대 후반부터 해외 기록학 연구가 상당히 활발해집니다. 기록학 단행본이 아직도 국내에는 별로 없지만, 해외에도 읽을 만한 단행본이 많지 않았어요. 그런데 최근 10여 년 사이에 상당히 좋은 책들이 많이 출간되어 지적으로 자극을 받고 있습니다. 우리 기록학계에서 번역도 활발히 이루어지면 좋겠어요. 2005년에 일본에 세미나 발표하러 갔을 때 중국학자를 만났어요. 전자기록관리에 대한 국제동향에 대해 해박했는데, 영어는 한마디도 안 하는 거예요. 그런데 서구 문헌을 어떻게 섭렵했는지 궁금하더라고요. 통역을 통해 물어보니까 중국에는 번역 서비스가 잘 되어 있어 해외에서 발간된 지 6개월이 되기 전에 모두 중국어 번역본을 읽을 수 있대요. 그래서 영어 안 해도 된다고 하더군요. 우리도 번역작업이 더 활발해지면 좋을 텐데, 우리나라 대학들이 번역서를 별로 인정하지 않으니까 교수들도 몇 사람밖에 읽지 않는 학술지 논문에만 매달리게 되는 것 같아요.

전진한 사실 해외자료를 읽는다는 것은 쉽지 않은 일이죠. 저도 해외 정보공개 실태를 보기 위해 관련 문건을 읽으면 숨이 턱턱 막히고, 힘듭니다. 번역작업도 활발해지고, 자동번역 관련한 기술이 발전하면 좋겠습니다. 일본어는 이미 구글 번역기가 상당 부분 해결을 해주거든요.

— 행정직 지배문화가 기록전문직 위축시켜

이재정 학계에 계시다가 국가기록원 정보서비스 부장 자리로 옮기셨는데요. 외부에서 본 국가기록원과 내부에서 본 것이 어떻게 다르던가요?

설문원 제가 국가기록원에 있었던 건 2년이 채 안 되었기 때문에 (2007년 4월부터 2009년 2월까지) 국가기록원과 공직문화를 잘 안다고 보긴 어렵습니다만, 딱 드는 생각은 국가기록원은 관료행정 문화가 각종 전문직을 지배하는 조직이라는 겁니다. 행정안전부 소속기관으로 국립과학수사연구원과 국가기록원이 있었는데, 국가기록원은 전문적 지식과 기술이 필요한 조직이라는 것을 거의 인정받지 못했어요. 이건 지금도 크게 달라지지 않은 것 같아요. 핵심부서장은 거의 행정안전부의 행정직들이 차지했는데, 행정직 과장들이 기록관리에 대해 다 아는 것처럼 말하는 오만한 모습도 많이 보았어요.

전진한　실제로 국립과학수사연구원은 대부분 의사를 비롯해 과학 분야에서 공부한 전문가들이고요. 이분들이 사실상 조직을 운영해 나가고 있습니다. 현재 원장도 당연히 의사이고요. 그런데 국가기록원장이 전문직으로 선임된 건 이번이 처음이지요.

설문원　제가 근무할 당시에 국가기록원에서는 매주 과장급 이상이 참가해서 업무 진척상황과 계획을 보고하는 간부회의가 있었고, 원장실에서 각 부의 현안을 이야기하는, 이른바 부장단 회의가 매주 열렸어요. 행정안전부에서 온 기록정책부장, 국가기록원 공업연구관 출신의 기록관리부장, 개방형 고위공무원으로 '어공(어쩌다 공무원)'이 된 저를 포함하여 3부장이 참석했고, 여기에 정책기획과장, 행정과장도 배석했어요. 원장을 포함하여 네 명이 행정직이었지요. 조직이나 인사 등의 주요 사안은 원장, 기록정책부장, 정책기획과장으로 이어지는 라인에서 논의되고 행정안전부로 들어가서 보고한 후 이행되는 구조였고, 가끔 청와대 기록관리비서실과 정책을 조율하는 과정이 포함되었지요. 이명박 정부 들어서면서 이 회의는 그저 차나 한잔 마시며 담소하는 자리가 되었고, 이미 결정된 바를 원장이 체크하는 것을 보면서 '무슨 일이 있었구나' 아는 정도가 되었어요.

이재정　그러면 이명박 정부 시절부터 국가기록원이 독립성을 상실하기 시작했다는 말씀이네요. 이명박·박근혜 정부는 뭔가 기록을 싫어한다는 점에서 일관성이 있습니다.

설문원　참여정부 시절에는 그래도 국가기록원이 활기가 있었어요.

기록관리혁신 로드맵의 과제를 이행하고 바뀐 제도를 안착시키려고 다들 노력했지요. 제가 맡은 기록정보서비스부에서 한 일은 국민들에게 다가갈 수 있는 기록콘텐츠 개발, 공개 확대를 위한 제도 개선과 비공개 기록 재분류, 표준 기록관리시스템 보급, 국가기록원 CI 제작과 홍보와 같은 일이었어요. 국가기록원으로서는 처음 시도하는 일들이라 때로 업무 영역과 방향을 두고 싸우기도 했지만 부서 내의 분위기는 대체로 좋았어요. 그런데 그런 활기 속에도 어떤 불편한 냉기가 떠다녔어요. 제가 느낀 냉기의 정체는 이 조직이 말단의 행정조직이지 전문가조직이 아니라는 인식에서 오는 거였어요. 기록관리의 본질적 현안에 대한 공감의 폭은 아주 좁았어요. 사서직이나 연구직 중 많은 분들이 법령을 자구적으로 해석하고 정해진 지표를 따라가는 정도로만 일했어요. 그게 좀 힘들었지요. 제도의 기틀을 잡아야 하는 초기에 그런 자세로는 어렵잖아요.

전진한 정부기록보존소가 국가기록원으로 확대 개편된 게 2004년이었지요? 2002년에 제가 참여연대 정보공개사업단에서 처음 일할 때에도 정부기록보존소였습니다.

설문원 예, 정부기록보존소에서 국가기록원으로 개편되면서 정원이 거의 두 배 이상이 되었어요. 노무현 대통령의 전폭적인 지원에 힘입은 거지요. 정원이 300명이 넘는 신생조직이나 마찬가지였는데, 결국 상층부는 모두 행정안전부 행정직들이 차지했어요. 연구직 출신 팀장(참여정부 시절에는 과 대신 팀 조직이었어요)은 수십 명의 팀장 중 두 명뿐이었어요. 원장은 물론 행정안전부의 고위공무원이 내려왔고.

인력 구성으로 보면 국가기록원의 전문성 수준은 그 이전과 달라지지 못했어요. 비율로 보면 행정직 비중이 오히려 더 높아졌을걸요. 예전의 정부기록보존소장이 한직이었던 데에 비해 국가기록원장은 행정안전부의 고위직들이 선호하는 자리가 되었고요.

이재정 그런 점은 참여정부에서도 좀 신경을 썼어야 했는데, 아쉽네요. 전 정치가 이런 관료조직의 이기심을 견제하는 역할을 해야 할 것 같아요. 자리가 신설되면, 적재적소에 필요한 사람이 배치되는 것이 아니라 관료들의 몫이 되는 경우가 너무나 많거든요.

전진한 그렇습니다. 사실 국민들은 관료조직이 어떻게 움직이는지 잘 모르지요. 가령 그동안 법무부의 과장직 대부분이 검사들의 몫이었다는 것은 요즘 알려지고 있지요. 문재인 정부가 법무부 과장직 이상의 고위간부들을 외부개방형으로 많이 뽑고 있는 것은 상당히 잘하고 있는 점이라고 생각해요. 그런데 국가기록원에는 전문직들도 많은데 전문직들이 제대로 역할을 했는지요?

설문원 물론 직원들의 전문적 역량에도 문제는 많았어요. 당시 대부분의 기록연구직은 입사한 지 1~2년밖에 안 되었고, 학예연구직이나 공업연구직들도 개별적 지식은 많았지만, 기록관리에 대한 전체적인 학습은 잘 되어있지 않았던 것 같아요. 전문성 부족은 거의 새로운 업무를 해야 하는 조직이니 있을 수 있다고 봐요. 그런데 문제는 조직의 상층부가 어떤 좌표를 가지고 움직이느냐가 이들에게 상당한 영향을 미치게 된다는 거지요. 윗사람이 모두 행정안전부나 청와대에 안

테나를 세우고 조직을 운영하는 문화에서 직원들은 전문성을 키우는 것보다 그때그때 눈치껏 윗사람의 의향에 따르는 사람이 능력을 인정받는다는 것을 빠르게 알게 되는 거지요. 그런 분위기에서는 열의와 신념에 넘치던 직원들도 시듭니다. 전문성 개발이 안 되는 거지요.

이재정 제가 행전안전위원회 위원으로 활동하며 국가기록원의 독립성 문제와 전문성 문제를 여러 차례 지적한 바 있는데요, 직원들의 열의와 신념이 꺾이는 조직이었다니, 정말 안타깝습니다.

설문원 박근혜 정부 들어서는 이러한 경향이 더 심화되었던 것 같습니다. 국가기록원이 온라인 기록콘텐츠 작업을 할 때에 사학자들에게 해설을 의뢰하는 경우가 많았는데, 박근혜 정부 시절에는 청와대 비서실에서 추천한 시나리오 작가에게 의뢰했다고 합니다. 간섭이 들어오니까 아예 추천해 달라고 한 거지요. 전문성과 함께 독립성을 포기한 겁니다. 그리고 국가기록원에 기록연구직들이 임용된 지 10년이 넘었으니 지금쯤은 이들 중에서 말하자면 스타플레이어가 나와야 합니다만, 글쎄요. 똑똑했던 사람들도 다 나서기를 두려워하는 문화에 침윤되어 있는 것 같아요. 아직도. 박근혜 정부에서 일했던 공무원들이 겪는 트라우마일까요?

전진한 놀라운 얘기입니다. 시나리오 작가에게 기록콘텐츠 해설을 의뢰했다는 것은 이번에 처음 알려진 사실이네요. 국가기록원의 내부 상황이 어땠는지 짐작이 갑니다.

— 국가기록원의 이중성은 어디서 오는가?

이재정 지난 10년간 국가기록원의 이중성이 여러 번 문제가 되었어요. 자신들의 조직을 키워준 노무현 대통령에 대해서는 국가기록원 이름으로 고발을 하더니, 박근혜 대통령의 기록관리 문제에 대해서는 한마디도 하지 않았습니다. 왜 이런 문제가 발생하는지, 기록원 내부에 어떤 문제가 있는 건가요?

설문원 국가기록원의 이중성이라기보다는 독립성과 정체성 측면에서 봐야 할 것 같습니다. 민간 전문가가 국가기록원장으로 임명되는 일대 진보가 이루어졌습니다만, 정권 바뀌면 국가기록원은 또 바뀔 수 있습니다. 이중성이 아니라 다중성인 거지요. 바람이 부는 대로 움직이는 풍향계예요. 국가기록원이 노무현 대통령 비서진을 고발한 것은 이명박 정부 시절이고, 이 사건을 진두지휘한 것은 당시 청와대입니다. 국가기록원은 정권이 하라는 대로 한 것이고요. 당시 국가기록원장은 성품이 온화한 분이었어요. 그런 분이 종종 하던 말은 "공무원은 영혼이 없다"가 아니라 "없어야 한다"였어요. 정권이 바뀌면 공무원이 따라가야지 자기 철학과 원칙을 주장하면 나라꼴이 되겠냐는 거지요.

전진한 저는 이명박 정부가 참여정부의 기록관리 문제를 왜 들고 나왔는지 곰곰이 생각해본 적이 있어요. 이명박 전 대통령이 가장 싫어하는 것이 기록관리, 정보공개였어요. 박근혜 정부도 마찬가지고요. 어쩌면 노무현 대통령이 기록관리로 큰 성과를 낸 것에 대해 흠집을 내고 싶어 했던 것 같아요. 그것도 국가기록원을 통해서 말입니다. 그 뒤로 이명박·박근혜 정부가 기록을 대하는 태도를 보면, 정말 어이가 없었습니다.

설문원 이명박·박근혜 대통령 재임 시의 기록관리 문제는 보도된 바도 있지만, 중요기록 훼손이 심각한 수준입니다. 국가기록원이 이제라도 짚고 넘어가서 다행입니다. 원장이 바뀌고 조직이 어디를 바라보느냐에 따라 이렇게 달라지는 겁니다. 이걸 저는 국가기록원이 행정명령에 의해 움직이는 위계조직에서 자율성을 가진 전문가조직으로 이동하고 있다는 사인으로 보고 싶습니다만, 지금의 조직위상으로는 쉽지 않을 거예요.

이재정 민간 전문가를 원장에 임명하는 제도가 도입되기는 했습니다만, 앞으로 어떤 정부가 들어서더라도 국가기록원이 권력기관과 모든 정부기관의 기록관리를 철저히 감시하고 시정을 요구할 수 있을까요?

설문원 이건 기록의 정치적 속성과 관련되는 문제이기도 합니다. 기록을 통제하지 않는 권력은 없다는 자크 데리다의 유명한 말이 있어요. 독재권력은 심지어 국민들의 기억까지 통제하고 싶어 하니까요. 결국 기록의 생산과 관리, 공개과정 모두 권력의 성격과 분리해서 생각하기 어렵다는 겁니다. 정부기관의 책임성은 일차적으로 기록의 생산과 관리를 통해, 투명성은 기록의 공개를 통해 달성할 수 있지만 민주주의가 뒷받침되지 않으면 다 어려워져요. 다시 말해 권력의 민주화 없이 제대로 된 기록관리는 불가능하다는 겁니다.

전진한 정권의 성격이 기록관리에 영향을 미친다는 데에는 동의하지만, 그렇게만 보면 시민이나 기록관리 자체의 힘을 간과하게 될 것 같은데요.

설문원 맞아요. 어쨌든 기록관리가 업무의 목적을 규정하진 못하지만 절차의 정당성을 갖추게 하는 데에는 크게 기여한다고 봐요. 기록이 남으니까 조심하게 되겠지요. 그렇지만 국가기록원이 정부조직이라는 것도 변하지 않는 사실이에요. 이명박·박근혜 정부 때에는 기록을 의도적으로 안 남겼잖아요. 20년이나 30년이 지나 두 대통령의 지정기록물이 해제된다 해도 그 안에 볼 만한 중요 정책기록은 많지 않을 거예요. 그래서 국가기록원을 견제할 수 있는 힘이 필요해요. 두 개의 축으로 볼 수 있는데, 국가기록관리를 위한 거버넌스 체계를 구축하는 것이 한 축이고, 또 하나의 축은 시민입니다. 이 주제는 뒤에 국가기록원의 독립성을 이야기할 때 더 다루면 어떨까요?

전진한 국가기록관리를 위한 거버넌스 체제 구축은 국가기록관리 혁신 TF에서 다룬 주제지요. 그 이야기는 시민의 역할과 함께 뒤에서 또 듣도록 하겠습니다.

"국가기록원이 온라인 기록콘텐츠 작업을 할 때에
사학자들에게 해설을 의뢰하는 경우가 많았는데, 박근혜 정부 시절에는
청와대 비서실에서 추천한 시나리오 작가에게 의뢰했다고 합니다.
간섭이 들어오니까 아예 추천해 달라고 한 거지요.
전문성과 함께 독립성을 포기한 겁니다. 똑똑했던 사람들도
다 나서기를 두려워하는 문화에 침윤되어 있는 것 같아요.
아직도. 박근혜 정부에서 일했던 공무원들이 겪는 트라우마일까요?"

— 봉하 '기록유출 사건',
정치적 음모에 제대로 대처 못 한 기록관리계

이재정 참여정부 때 임용되어 이명박 정부에서도 잠시 국가기록원에 계셨던 것으로 알고 있습니다. 봉하마을 '기록유출 사건' 때 국가기록원의 움직임이 매우 기민했는데, 당시 내부의 분위기는 어땠습니까?

설문원 '기록유출 사건'이라고 말씀하셨는데, '유출'이냐 '정당한 열람권의 행사'냐가 쟁점이었습니다. 최근 입수한 자료를 토대로 이 점을 짚어보겠습니다. 전직 대통령의 기록 열람 규정은 대통령기록물법 제정 과정에서 별로 쟁점이 된 적이 없었어요. 노무현 대통령 재임 중 법제처에서 청와대로 파견된 법무비서관은 '열람'에 '사본 제공'도 포함된다고 해석한 걸로 알고 있습니다. 그런데 이명박 정부에서 소위 '유출' 문제가 불거지자 사본 제공을 둘러싸고 논란이 일었습니다. 국가기록원은 법제처에 법령 해석을 요청했고 2008년 8월과 9월 두 차례 법령해석심의위원회가 열렸어요. 이 시점은 국가기록원이 검찰에 노무현 대통령의 전직 비서관 등 10명을 고발한 직후예요.
이때 안건은 세 가지로 첫째, 대통령기록물법 제18조의 열람 편의 제공에 대한 적극적 협조의 의미가 '열람권'을 의미하는지, 둘째 '열람'에 '사본 제작'이 포함되는지, 세 번째, 편의제공 방법에 전용선을 포함한 온라인 제공이 포함되는지였습니다. 핵심은 두 번째 안건이었지요. 그런데 1차와 2차 심의회에서 각각 상반된 결론이 나온 거예요. 8월에 열린 1차 심의회에서는 '사본 제작'이 열람에 포함된다는 의견이 과반수였어요. 노무현 대통령의 사본 제작이 합법이라는 거지요. 이때 반대의견을 낸 3인 중 한 명은 검사 출신, 두 명은 법제처 직원이었어요. 법제처는 심의회에 앞서 사본 제작이 열람에 포함되는지에 대한 국가기록원의 입장을 물었고, 국가기록원은 사본 제작이 열람에 포함되지 않는다는 의견을 제시했어요.

9월에 열린 두 번째 심의회에서는 첫 번째와 달리 '불법'이라는 의견으로 만장일치로 가결됩니다. 그런데 이 회의는 심의위원 전원이 교체된 후였고, 교체된 위원들도 조세전문가 등 법령 해석과는 관련 없는 전문가들이었어요. 이 문제는 2009년 10월 8일 법사위의 법제처 국정감사에서 민주당 이춘석, 박지원, 박영선, 우윤근 의원 등의 지적으로 정치쟁점화되었는데, 이석연 당시 법제처장은 국감에서 1차 회의에서 의원 1명이 모호한 의견을 제시하여 최종 의결이 2차 회의로 미뤄진 것으로 통상적인 일이고, 위원 교체도 정치적 배경은 없었다고 해명했어요. 전혀 설득력 없는 해명이었지요.

이재정 법제처의 심의회가 고발 직후 검찰이 수사에 들어가려던 시점에 열렸고, 사본 제공이 열람에 포함된다고 1차 심의의견이 나왔는데도 2차 회의를 열어 번복하였고, 2차 심의는 위원들이 전원 교체된 상태에서 이루어졌다는 점만 보아도, 이건 명백히 정치적 의도로 만들어진 사건이지요.

설문원 당시 대통령비서실에서는 국감에 아주 민감하게 반응해요. 이른바 '기록유출' 고발을 배후에서 주도한 청와대 기획조정비서관실은 2009년 9월 30일 국가기록원에 철저한 대비와 대응을 요구해요.

고발 조치는 불법 유출에 대한 정당한 행정행위라는 것을 부각하고, 열람 편의 등에 대해서는 관계기관과 협의하여 예산 조달 등 후속조치가 진행되고 있음을 언급하면서 한나라당과 함께 국감에 적극 대응해야 한다는 요지였어요.

전진한 행정부가 자신의 이름으로 전직 대통령을 고발한 사례는 전무후무할 텐데요. 당시 내부에서 반대는 없었는지요? 당시의 교수님 심정도 궁금해요.

설문원 노무현 대통령이 퇴임하면서 '이지원' 기록을 모두 가지고 갔다는 소식이 들리자 국가기록원 내부에서 조심스러운 논쟁들이 있었어요. 바깥에 알려지면 안 된다는 불안감도 있었고요. 국가기록원이 고발하기 훨씬 전이었지요. 저는 사실 부정적인 입장이었습니다. 그런 식의 완벽한 사본 제작은 기록관리 원칙에 맞지 않고 보안상 문제가 있다고 보았어요. 비밀과 대통령지정기록물은 물론 비밀기록도 다 포함되어 있었으니까요. 특히 봉하 사저가 기록물관리기관이 아니기 때문에 사본 생산을 통제할 수 없다는 게 걸렸어요. 그래서 전직 대통령의 열람권은 다른 방식으로 보장해 드려야 한다고 생각했어요. 기록학계에는 저와 비슷한 생각을 하는 분들이 많았어요. 그런데 정치적으로 악용되는 줄 몰랐고, 엄청난 비극으로 이어질지는 더욱 몰랐던 거지요.

이재정 당시 학계에서는 봉하마을에 '이지원' 시스템 설치가 학문적으로 논의되었지만, 이명박 정부에서는 정치적 의도가 분명히 있었던 것이죠. 애초 기록학계의 의견은 필요 없었던 것이라고 봐야 합니다.

설문원 어느 날 부장단 회의에서 원장이 "노무현 대통령을 기록유출로 고발해야 한다는 이야기가 있지만, 고발할 만한 사안은 아니라고 생각한다"고 말했어요. 참석자들 모두 당연히 그렇다고 했고요. 그런데 얼마 후 국가기록원이 노무현 대통령 비서진을 고발했다는 겁니다. 원장이 정책라인의 직원들과 한동안 광화문 서울기록센터에 체류하면서 진행한 거예요. 그 후 원장은 그 사안에 관한 한 완전히 다른 사람처럼 보였어요. 마치 원래부터 확신했던 일을 처리한 것처럼 보였어요.

이재정 일련의 과정에서 얼마나 물밑작업이 있었을지 생각하면, 소름 끼치고 화가 납니다.

설문원 고발까지는 직원들이 반대하고 말고 할 기회도 없이 한편에서 조용히 추진되었는데, 제가 후회하면서 복기해 보는 대목은 노 대통령 재임 시절의 어느 시점과 고발 이후예요.
첫째는 노무현 대통령이 재임 중에 봉하마을에 온라인망을 설치했어야 했다는 겁니다. 재임 중 대통령비서실은 퇴임 후 대통령의 기록 열람 지원을 행자부에 요청했어요. 요청을 받고 당시 최양식 차관 주재로 의정관(전직 대통령 예우 관련)과 국가기록원장이 참석한 회의가 개최된 것 같아요. 보고자료인지 회의자료인지 불분명한 당시 자료에는 전직 대통령 예우에 관한 법에 따라 업무시스템 지원은 가능하지만 데이터베이스를 복제하여 시스템을 구축하는 것은 대통령기록물법이 정한 범위를 벗어날 소지가 있다는 의견이 기술되어 있습니다. 여기에 국가기록원이나 대통령기록관 직원의 의견이 반영되었을 거라 추측합니다만 이건 '정치적' 판단이 개입되었다기보다는 전문가적 견해를 이야기했다고 봐요. 행자부는 이를 수용하는 자세를 취한 거고요. 안전하게. 레임덕 현상임에는 분명하지요. 그런데 그때 온라인망을 통해 공개 기록에 접근할 수 있는 시스템부터 우선 구축하고 나머지는 보안 문제를 고려하여 추후에 열람할 수 있도록 하자고 주장했더라면, 그게 관철되었더라면 '이지원'이 봉하마을로 이전되는 일은 없었을 것이라는 겁니다. 그렇게 되었다면 기록을 둘러싼 정략적 획책도 막을 수 있었을지도 모른다는, 회한 섞인 국가기록원 직원의 이야기를 들었어요. 저도 그 생각을 하는 거지요.

두 번째 대목은 고발 이후, 고발의 문제점에 대해 저를 포함한 기록관리계가 강한 목소리를 내지 못한 겁니다. 노무현 대통령의 사본 제작을 불법유출로 볼 수 없다는 것은 분명했어요. 기록관리 원칙상의 문제와 불법성은 다른 거니까요. 당시는 입법적으로 미비한 상황이었어요. 노무현 대통령께서 이런 말씀을 하셨어요. 이 글도 최근에 발견한 거예요. 법률행위의 해석에 '유효해석의 원칙'이 있는데, 의사표시가 불명확하여 유효하게 해석할 수도 있고 무효로 해석할 수도 있다면 유효가 되도록 해석하라는 원칙이고. 공무원이 민원을 처리할 때, 해줄 수도 있고 안 해줄 수도 있다면 해주는 것을 원칙으로 하라는 지침을 내린 일도 있으셨다고 합니다. 이런 원칙을 적용하면 사본 제작을 못 해줄 일이 아니라고 해석하신 겁니다. 그리고 "법적으로 유출은 원본 유출을 말하는 것이므로 사본은 금지 규정에 해당이 되지 않는다. 열람권자가 사본을 가지고 있는 것은 유출에 해당하지 않는다"고 보셨어요. 입법이 미비한 상황에서 벌어진 일에 대하여 이명박 정부는 어떻게든 '불법성'이라는 화인을 찍으려 한 거고요. 우리는 기록생산 시스템의 데이터베이스 전체 복제의 문제성에 집착하면서 한목소리로 나서지를 못했어요. 법리나 원칙을 두고 싸울 때가 아니라, 정략과 음모에 대항해 싸울 때라는 걸 몰랐어요. 어리석었지요. 전자기록관리 전문가였던 이소연 원장이, 당시 봉하로 가져간 전자기록은 명백히 사본이고 유출에 해당되지 않는다는 글을 언론에 기고했지만 기록관리계가 한목소리를 내진 못했어요.

전진한 저도 당시 기록학계에 의견을 물어서 봉하마을 '이지원' 시스템 열람권 확보 차원이라고 언론에 발표했습니다만, 역부족이었습니다.[*] 노무현 대통령께서는 누구보다도 기록의 가치를 중시하고 공공기록관리를 발전시키기 위해 노력하셨는데, 기록관리계가 빚이 많습니다.

설문원 맞습니다. 노 대통령께서는 '이지원' 시스템 전체, 데이터베이스뿐 아니라 소스프로그램도 대통령기록관에 이관하도록 지시하셨는데, 대통령기록관에서 이 시스템을 통해 기록을 열람할 수 있을 때까지만 봉하마을에서 복사본을 가지고 있을 생각이셨어요. 이것도 나중에 알게 된 겁니다. 그리고 그분의 기록관리에 대한 혜안을 우리가 따라가지 못한 거예요. 당시 우리는 '이지원'에서 생산된 기록을 기록물철과 건의 구조로 바꾸어 이관 받아야 기록관리를 제대로 하

* "논란 핵심은 '유출' 아니라 '열람권 확보'", 전진한, 「오마이뉴스」 2008. 7. 15.

는 건 줄 알았어요. '장기 보존'이라는 명분으로 기록생산 시스템에 내재된 기록 간의 복잡한 관계망을 모두 죽여 버리는 거지요. 그때 이미 대통령께서 이렇게 말씀하셨더라고요. 메모해 놓았던 걸 읽어보겠습니다. "문서가 이렇게 시스템 채로 보존되어 있는 기록관이 없을걸요? …… 전부는 아니지마는, 2005년경부터는 완전히 시스템 자체로서 문서가 되어있지요. 좀 특별한 물건이 될지 모르겠어요." 디지털기록관의 새로운 모형을 제시한 겁니다. 이제야 우리 기록관리계도 이런 모형에 관심을 갖게 되었어요. 그분의 소망이 이제라도 실현될 수 있도록 해야지요. 노 대통령께서 기록에 그렇게 강한 애착을 보인 것도, 재임 당시에는 인기가 없어도 훗날 기록을 통해 참여정부가 제대로 평가받을 수 있을 거라는 자부심과 기대 때문이었을 겁니다.

— **독립성 확보를 위해 기관장의 리더십과 거버넌스 체계 필요**

이재정 앞으로 국가기록원 및 대통령기록관의 독립성이 중요할 텐데요. 미국 사례를 보면 국립기록관리청장(National Archives and Records Administration, NARA) 임기는 종신으로 하고, 대통령이 처장을 해고할 때에는 반드시 그 이유를 설명해야 한다고 되어 있습니다. 이 제도를 그대로 도입할 수는 없겠지만, 우리나라의 기록관리 독립성 확보를 위해 무엇이 필요할까요?

설문원 대담 주제가 국가기록원의 독립성이라고 미리 말해 주셔서, 과연 독립성은 뭘까, 무엇으로부터의 독립인가를 생각해봤어요. 핵심은 정치권력의 정략적 판단이나 관료직의 구태에 휘둘리지 않고, 전문적이고 자율적인 판단에 따라 움직이는 조직이 되어야 한다는 것이겠지요. 이런 점에서 볼 때 국가기록원장을 민간 전문가로 임명한 것은 독립성을 향해 한발 나아간 겁니다. 이제 더 이상 행정직 공무원이 원장을 맡아서는 안 됩니다. 전문성 부족 때문만은 아닙니다. 되돌아갈 자리를 보면서 길어야 1년 정도 머무는 원장이 어떻게 권력기관의 눈치 보지 않고 공공기관의 기록생산과 관리를 통제하고, 당장의 성과가 나지 않는 기록의 장기 보존과 디지털기술 개발에 큰 관심을 쏟겠습니까? 아까도 말씀드렸다시피 원장이 어디를 바라보느냐는 내부의 업무 문화에도 영향을 미칩니다.

문제는 신뢰입니다. 국민들은 물론 공무원들이 "국가기록원은 전문적이고, 직업윤리가 철저한 조직"이라고 신뢰할 만한 조직이 되어야 합니다. 지난 수십 년 동안 보여준 국가기록원의 모습은 그런 조직이 아니었어요. 어떤 시민이 2008년 소위 '기록유출 사건'이 언론에 보도되면서 국가기록원을 알게 되었는데, 국가기록원은 거짓말을 할 수 있는 조직, 그리고 자기가 무슨 기록을 가지고 있는지도 바로 파악하지 못하는 무능한 조직이라는 인상을 가지고 있다는 겁니다. 이런 불신을 극복하려면 기록관리에 대한 비전과 사명감, 전문직으로서의 윤리의식이 높은 리더가 중요합니다.

이재정 그런 점에서 이소연 원장님의 취임사가 인상적이었어요. 국가기록원 안팎의 모든 기록인들과의 소통과 협력을 강조하시며, 국가기록원과 기록관리 체제의 독립성을 지키기 위한 울타리가 되겠다고 말씀하셨는데요, 기록인과 국민들의 기대를 등에 업고 계시니 잘

해내실 거라 기대해 봅니다.

설문원 그 자체만으로 자율성과 독립성을 갖추기는 어렵기 때문에 임기 보장도 필요하다고 봐요. 대통령기록물법에 대통령기록관장의 임기를 5년으로 명시하고 임기를 보장함으로써 전임 대통령의 기록을 잘 보호하도록 하자는 의도였는데, 이명박 정부로 들어서자마자 실패로 끝났잖아요. 현직 대통령의 비서실에 있던 사람을 대통령기록관장으로 앉혔으니 대통령기록관리 제도의 기본을 흔들어버린 거지요. 결국 임명권자가 중요한 거였는데, 제도가 이를 전혀 견제하지 못했던 겁니다. 대통령기록관장은 전임 대통령의 기록을 잘 보호할 관리인이 아니라 대통령기록에 대한 지식과 철학, 기록관리의 전문성과 윤리의식을 갖춘 인사가 맡도록 하는 게 중요하고요. 관장 임명 제청 전에 거버넌스 위원회의 심사와 동의를 거치도록 하는 등의 장치가 필요합니다. 대통령기록물법을 만들 때 "대충 지금 같으려니" 하는 안이함이 있었다고 봐요. 국가기록원장도 마찬가지입니다. 제도는 항상 최악의 상황을 고려해서 정비해야 합니다.

전진한 앞서 국가기록관리의 거버넌스 체제 구축에 대해서도 언급하셨는데, 그 부분도 말씀해 주시지요.

설문원 우선 국가기록원장의 책임과 권한이 강해져야 합니다. 그리고 국가기록원을 견제할 거버넌스 위원회가 튼튼하게 만들어져야 합니다. 국가기록관리기관, 즉 내셔널 아카이브(national archives)의 역할을 보통 세 가지로 봅니다. 첫째는 공공기관의 책임성과 투명성을 높일 수 있도록 기록의 생산, 관리를 통제하는 임무입니다. 둘째, 방대한 공공기록을 국민들이 활용할 수 있도록 공개하고 서비스하는 것입니다. 셋째, 미래세대를 위하여 기록을 장기적으로 안전하게 보존하는 겁니다. 이 중 특히 첫 번째 임무는 모든 공공기관에 대한 적절한 통제와 지원을 통해야 달성될 수 있기 때문에 어렵습니다. 이러한 역할은 정부기관의 설명책임성을 높이는 데에 아주 중요합니다. 미국에서도 전자기록이나 대통령기록의 관리 등과 관련하여 NARA의 권한을 강화해야 한다고 SAA(미국아키비스트협회)가 지속적으로 견해를 밝히고 있어요. 그 배경에는 NARA에 대한 기본적인 신뢰가 깔려 있는 거예요.

이재정 그런데 우리나라는 신뢰감이라는 면에서 상황이 많이 다르지요. 그래서 교수님이 말씀하신 것처럼 국가기록원이 정부조직인 이상, 밖에서 안으로 작용하기 위한 일종의 견제장치가 필요하다고 봅니다.

설문원 그 차원에서 국가기록관리위원회를 바꿔야 합니다. 지금처럼 자문기구 정도가 아니라 명실상부한 심의·의결권을 가져야 하고, 상설조직도 필요하고요. 정부기관의 책임성과 투명성을 감시하는 기능도 국무총리 산하의 이 위원회가 수행할 수 있도록 해야 합니다. 국가기관들이 어떤 기록을 어떻게 남기고, 어느 시점에 공개할지에 대한 정책을 수립하고 집행하는 데에 시민과 전문가집단이 개입할 수 있는 구조를 만들어야 합니다. 그런 점에서 국가기록관리위원회의 구성과 운영이 중요하다고 봅니다. 예를 들어, 경찰위원회는 경찰의 주요 정책에 관한 사항을 의결하고, 경찰청장 임명 제청 전에 이 위원회의 동의를 받아야 합니다. 차관급 상임위원이 포함된 합의제 행정기관입니다. 그 밖에 다양한 사례도 살펴보고 좋은 안을 찾아야겠지요.

그리고 헌법기관에 대해서도 한마디 하고 싶습니다. 국회나 법원과 같은 헌법기관들은 공공기록물법 시행령이 아니라 별도의 규칙을 만들어 기록관리를 수행하는데, 문제가 많습니다. 헌법기관의 기록관리를 행정부 조직인 국가기록원이 감독하는 데에 한계가 있어요. 이 부분에 대해서도 위원회가 역할을 할 수 있도록 권한을 부여해야 한다고 생각합니다.

국가기록원 밖으로 원심력이 작용해야 하는 또 하나의 축은 시민입니다. 기록관리는 시민의 권리에 직접적으로 영향을 미칩니다. 기록관리기관은 기록의 관리와 공개를 통해 참여민주주의를 뒷받침할 뿐 아니라 기록관리 과정에 시민과 공동체가 참여할 수 있도록 하고, 그 과정을 공개해야 해요. 기록의 평가폐기 절차, 기술(해설)업무에 이용자 참여를 보장하는 방안을 도입해야 합니다.

— **대통령기록물의 생산 보장과 공개 간의 정책적 긴장**

전진한 최근 몇 년간 일어난 사건들을 보면서 많이 느낀 것은 절대로 제도만 수입해서는 안 된다는 것입니다. 그 제도가 성립되었던 문화를 분석해야 해요. 문화를 모르고, 단순히 제도만 들여오면 여러 문제가 발생하는 것 같아요.

설문원 대통령지정기록물 제도가 그런 것 같아요. 미국 제도를 벤치마킹했는데 미국에서는 제도를 도입한 이래 수십 년 동안 한 번도 지정기록물의 봉인이 풀리지 않았는데, 우리는 벌써 수차례 지정기록물이 공개되어 버렸으니까요. 정치적 환경, 그리고 기록에 대한 사회 전반의 이해도가 달랐던 겁니다. 현재의 대통령지정기록물 제도를 보완할 방법을 찾아야 해요. 저는 이 제도에서 쟁점을 설명책임성(accountability)과 투명성 간에 존재하는 긴장관계로 보고 있어요. 설명책임성과 투명성 정책을 거의 동일하게 보는 경향이 있지만, 기록관리 관점에서 보자면 양자 간에는 정책적 갈등이 존재해요. 책임성 측면에서 보면 업무의 증거가 될 기록을 충분히 만들고 남기도록 하는 것이 중요해요. 책임성은 당대뿐 아니라 후대에 대한 설명책임이 포함되거든요. 그런데 투명성 측면에서는 기록을 폭넓고 신속하게 공개하는 것이 필요하고요.

대통령지정기록물 제도는 일정 기간 보호할 터이니 기록물을 생산하고 남기라는 취지인데 목록까지 비공개되니까 투명성은 유보되는 거지요. 저는 기록학을 하는 사람이라 책임성을 강조하게 됩니다. 남겨지지 않으면 공개도 없고, 기록은 미래세대를 위한 것이기도 하니까요. 시민운동가들은 공개를 계속 요구하지요. 요즘 '빅 시스터'라는 말을 하잖아요. '빅 브라더'에 대응하여 시민들이 행정 감시를 하는 거지요. 그래도 대통령지정기록물 제도는 유지할 필요가 있다고 봐요. 지정의 대상과 기준, 각종 절차를 명확히 하는 선에서 개선하고요. 대통령지정기록물이라도 고등법원장의 영장이 있으면 열람할 수 있기 때문에 수사나 재판에 큰 무리는 없다고 봅니다.

이재정　해외의 국가기록관리기관 중에서 독립성을 확보하고 있는 사례가 미국 외에는 소개된 적이 없는데요. 그 밖에 다른 나라는 어떤지 알고 싶습니다.

설문원　글쎄요. 미국 NARA는 대통령 직속기관이지만 많은 나라가 행정부나 유산부(Heritage Department)에 소속되어 있어요. 일본의 국립공문서관은 독립행정법인이고요. 그런데 일본 국립공문서관은 행정부처의 기록관리에 별로 영향력을 행사하지 못하는 걸로 알고 있어요. 바람직한 사례가 아닌 거지요. 조직에 관한 한 해외 사례를 벤치마킹하기 어려울 것 같아요. 워낙 체제가 달라서요.

국가기록관리혁신 TF 보고서 중에 대통령기록관리 부분을 보면 "국가기록원장과 대통령기록관장의 정치적 중립을 가장한 정치편향적 운영"이란 표현이 있어요. 그간의 행태를 비판하는 대목이에요. 지금 우리나라의 행정문화나 국가기록원 내부역량으로 볼 때 국가기록원의 조직 위상이 높아진다고 독립성이 일거에 확보되진 않을 거예요. 그래도 행정안전부로부터 독립하는 것은 중요한 것 같아요. 독립 조직이 되기 어렵다면 최소한 국무총리실 소속으로 이관하는 것이 바람직하다고 보고요. 장기적으로는 인권위원회와 같이 특정 부처에 속하지 않는 독립적 조직을 목표로 해야 하는데, 국가기록관리가 그 정도로 중요한 기관이라는 사회적 공감대가 강력하게 형성되어야만 가능한 일입니다. 행정부처 내부의 엄청난 반대가 예상되니까요.

이재정　다행히 국가기록원장에 학계 전문가가 선임되셨습니다. 두

설문원 교수는 기록학 분야에서 가장 활발하게 논문을 발표하는 저자이며 지난 10여 년간 수십 편의 논문을 발표했다.

분이 친한 사이라고 들었는데요. 어떤 기대가 있을까요?

설문원 예, 오랫동안 좋은 선후배 관계로, 기록관리계에서는 동지로 지내왔어요. 아까도 리더가 조직의 목표를 어떻게 보느냐에 따라 사람들을, 업무문화를 바꿀 수 있다고 말씀드렸잖아요? 큰 변화가 있을 거라고 기대합니다. 특히 행정직 원장들이 하지 못했던 굵직한 일들, 긴 호흡을 가져야만 할 수 있는 일들을 추진할 거예요. 지금까지 행정직 국가기록원장들은 홍보를 중시했어요. 기관장 평가의 중요 항목이니까요. 그러니 기록수집이나 콘텐츠 개발처럼 단기적으로 성과를 내는 데에 관심이 많을 수밖에 없어요. 1년이면 떠날 직장인데 5년, 10년 축적되어야만 비로소 성과를 내놓을 수 있는 과제에 관심이 클 수가 없지요. 그리고 항상 돌아갈 '자리'를 바라봐야 하는 한계가 있었고요. 실제로 국가기록원장에서 영전하신 분들이 많아요. 그런 점에서 이소연 원장은 자유롭잖아요. 전문성도 탁월하고, 특히 소통의 리더십이 있어요. 저와는 달리 배짱도 큽니다. 지난 몇 년 동안 광장에 나가 촛불도 많이 들었어요. 아마 재임 기간 중에 정부기관들의 책임성과 투명성이 높아질 거고, 기록관리사에 남을 만한 성과를 거둘 겁니다.

전진한 두 분이 기록학계에서 여성학자로 자리를 지켜주신 게 정말 감사해요. 어떤 분야든 균형 있는 성비가 있어야 한다는 것을 많이 느낍니다. 특히 설문원 교수님과 이소연 원장님은 기록학계에서 아주 큰 성과를 내셨어요.

이재정 이번에 국가기록개혁 TF 2분과(공공기록관리) 위원장을 맡으셨는데요. 전반적인 개혁방안을 어떻게 잡으셨는지 소개 부탁드립니다. 짚어야 할 문제가 너무 많았을 것 같아요.

설문원 공공기록관리를 크게 5개 영역으로 나누고 8개 과제, 20개의 하위과제를 도출했어요. 어떻게 하면 국가기록이 잘 생산되고 남겨질 수 있도록 할지, 국민들의 기록접근권을 어떻게 강화할 수 있을지에 초점을 맞추었어요. 그중 첫 번째 과제로 잡은 것은 국가기록평가제도의 정비입니다. 이렇게 대중성이 낮은 과제를 제1 과제로 내세운 데에는 이유가 있어요. 국제적 흐름이나 디지털 환경을 고려할 때, 우리나라 기록평가(archival appraisal) 업무가 특히 문제라고 봤어요. 어떤 기록을 생산할지, 어떤 기록을 왜 남겨야 하는지를 결정하는 게 바로 평가업무입니다. 업무의 책임성을 확보하는 데에 기본이 되는 업무지요. 2005년 기록관리 혁신의 첫 번째 어젠다가 '공공업무 수행의 철저한 기록화'였는데, 성과도 있었지만 한계가 명백하게 드러났어요. 원인은 여러 가지였지만 새롭게 등장하는 다양한 디지털 기록을 포괄할 수 있는 정책이 제대로 없고, 생산된 기록이 등록되지 않아도 규제할 수 있는 정책이 없었다는 것이 주요 원인이었어요.

책임성과 관련된 예를 하나 들어볼게요. 2015년 독일 자동차 폭스바겐 배출가스 조작 스캔들 기억하시나요? 이건 배출가스 조작 소프트웨어를 차량에 장착해서 차량 검사 시 배출가스와 실제 도로주행 시 배출가스를 다르게 적용한 사건이에요. 전 세계적으로 수천만 대의 폭스바겐 자동차가 리콜 대상이 되었어요. 이때 자동차 배출가스 데이터만 남아 있다면 설명책임은 충족되지 않아요. 조작에 사용된 소프트웨어, 그리고 그 소프트웨어의 알고리즘을 이해할 수 있는 기본 정보와 데이터가 다 필요해요.

이재정 급격히 변화하는 디지털 환경에서 국가기록원이 남겨야 할 증거와 기록을 확보하려면 평가정책의 대전환이 필요하겠네요.

설문원 지난 10년간 각국의 흐름을 보면, 디지털과 소셜이라는 엄청난 변화에 직면하여 국가기록관리전략을 전면적으로 재설계하고 전환에 들어간 기간이었어요. 기록평가는 어떤 업무와 관련해서 어떤 기록을 생산하고, 남겨야 할지를 미리 정해두는 업무예요. 디지털 환경에서는 이 업무가 더욱 복잡해졌지만, 더 중요해지기도 했어요. 아날로그 환경에서 평가는 어떤 기록을 보유할지 폐기할지 결정하는 행위였어요. 그런데 디지털 환경에서 평가는 그 의미가 확장됩니다. 개인이나 조직, 사회가 어떤 업무·증거·기억을 재구성하기를 원하는지 결정하는 거예요.

전진한 국가기록 개혁방안에서 국민의 알권리, 기록접근권 강화를 위해 '기록정보 부존재 공익침해 심사제도'를 제안하셨죠?

설문원 명지대 김익한 교수님이 제안했던 제도인데요. 공공기관이 고의나 관행 등으로 기록을 생산하지 않거나 등록하지 않아 국민의 권리가 침해되는 것을 막기 위한 제도입니다. 기록정보 부존재를 입증할 책임이 일차적으로 공공기관에 있음을 명시하고, 나아가 부존재의 원인과 책임 소재를 밝히기 위해 심사 혹은 감사를 청구할 수 있는 제도입니다. 덧붙여서 '기록처분동결 제도' 도입을 제안했어요. 이는 세월호 참사처럼 진실 규명이 필요하거나, 국민의 삶에 영향을 미칠 만한 중대한 사안과 관련된 기록은 일정 기간 동안 일절 폐기하지 못하도록 하는 겁니다. 미국, 호주 등에서는 이미 도입하고 있는 제도입니다.

무엇보다도 공공기관의 기록관리 기반 강화가 시급하다고 보았습니다. 디지털 환경에서 기록은 생산 시점부터 체계적으로 통제되어야 하는데, 천 명이 넘는 거대 조직에서도 1인 기록관 체제로 운영되는 현실에서는 기대하기 어려워요. 공공기관의 업무 전반을 증거하는 기록이 체계적으로 생산·관리·공개·보존되도록 전문직 인력과 조직의 강화 방안을 제안했어요.

전진한 지방기록관리 부문에 대해서도 말씀 좀 해주세요.

설문원 지방기록관리는 현재 정상적으로 작동되지 않는 영역이지요. 현행 법령에는 광역자치단체가 '지방기록물관리기관'을 의무적으로 설립해야 하는데, 현재 추진 중인 곳은 서울시와 경상남도뿐입니다. 지방기록물관리기관 설치와 주민이 체감하는 기록관리를 위해 지방자치법 등의 법률 개정, 행정안전부와 국가기록원의 실질적인 지원을 제안했습니다. 이 밖에도 디지털 민주주의 환경에 맞도록 기록정보의 적극적인 공개와 서비스 제도 개선, 디지털 기록의 관리절차 개선 등에 관한 과제도 포함되어 있어요. 보고서를 꼭 봐주시면 고맙겠습니다.

전진한 사실 이번 TF에서 2분과가 가장 힘들었습니다. 우선 개혁과

제가 아주 방대하고 많아요. 그만큼 지난 10년간 기록관리 분야가 너무 많이 망가지기도 했고, 세계적 흐름에 따라가지 못했던 것 같습니다. 저는 대통령기록개혁 분야에 들어갔는데, 대통령지정기록물 제도 개선이 가장 힘들었던 것 같습니다.

이재정　저도 개혁방안들을 받아서, 법 개정 작업을 더욱 열심히 해야 할 것 같아요.

설문원　잘 부탁드립니다.

이재정　교수님, 듣기로는 특이한 이력이 있으시던데, '노찾사' 1기 멤버라고 들었습니다. 전설 같은 노래패인데, 그때 얘기 좀 해주세요.

설문원　예, 전설이지요. 요즘 젊은 사람들은 '노찾사' 몰라요. (웃음) 제가 이화여대 노래팀 출신이라 1980년대 중반부터 서울대, 고대 노래팀 출신들과 노동현장 문화패 활동을 비롯하여 여러 가지 형식의 문화운동을 시도하였는데, 그 과정에서 '노래를 찾는 사람들' 첫 번째 음반작업에 참가했어요. 김민기 선생님이 기획하셨지요. 잠시 작업에 참여한 건데, 음반이라는 음성기록이 남으니까 많은 사람들이 오래도록 기억해 주는 것 같아요. 역시 기록은 힘이 세고 오래갑니다. (웃음) 문화운동이 우리 사회를 바꾸기 위한 실천이었던 것처럼, 기록학도 '기록민주주의'를 성숙시키기 위한 실천이라고 생각해요.

이재정　마지막으로 부산대학교에서 기록관리를 가르치고 계신데,

서울과 다르게 지역의 기록관리 문제점도 많이 보시게 될 것 같아요. 어떤 문제들이 있던가요?

설문원 박근혜 정부 시절에는 학교 교육이나 연구 외에는 별일이 없었어요. 국가기록원이 전혀 저를 부르지 않더라고요. 그전에는 무슨 전문위원회, 심의회의, 자문회의 등으로 대전이나 서울에 자주 갔었거든요. 그런데 그렇게 불려 다니지 않은 덕분에 지방기록 문제에 더 많은 시간을 할애할 수 있었으니, 개인적으로는 나쁘지 않았습니다. 지난 몇 년간은 연구재단의 지원을 받아서 '로컬리티 기록화' 연구를 했습니다. 중앙과 지방은 기록을 보는 시각이 달라요. 가령 6·25전쟁과 관련하여 중앙의 경험과 지방의 경험이 다른 것처럼, 기록을 평가하는 시각도 달라요.

연구를 하면서 특히 공동체 아카이브에 관심을 갖게 되었어요. 공동체는 거주지역이 같은 주민일 수도 있고, 같은 이념이나 생각을 추구하는 사람들, 취미 공동체 등 다양한데, 저는 공동체 아카이브 패러다임을 일종의 철학이라고 보았어요. 가령 마을공동체는 일종의 기억공동체예요. 기억은 과거에 실제로 일어났던 것들을 정확하게 반영하기보다는 우리가 살고 있는 시대를 우리가 어떤 방식으로 이해했는지를 드러내요. 따라서 공동체가 남긴 아카이브는 이들이 동시대를 어떤 방식으로 이해했는지를 보여주는 창(窓)이에요. 이러한 공동체 아카이브를 통해 사회적 기억을 재구성할 수 있는 거지요. 그런데 국가기록원이나 기록물관리기관을 흔히 기록유산기관이라고 하잖아요. 미국의 기록학자 지머슨은 국가기록물관리기관이 가지고 있는 기록유산이 "역사의 실제성을 반영하지 못하는데, 문제가 있는 것

은 걸러내 버리고 역사의 긍정적인 양상만을 선별한 것"이라며 비판
해요. 중앙의 시각에서 보면 하찮아도 지방이나 공동체의 관점에서
는 중요할 수 있어요. 지방기록관리기관은 국가나 권력집단이 선점
한 하나의 지배적인 대서사(메타 내러티브) 대신 다양한 대항서사(카운
터 내러티브)들이 공존하는 공간이 되어야 한다고 봐요. 국가기록원은
지방기록물관리기관 설치비용을 지원받으려고 계속 지방기록관리
가 '국가사무'라고 주장해왔는데, 결국 거의 지원을 못 받았어요. 국
가사무가 아니라는 겁니다. 지방기록관리는 지방의 역사를 만드는
거예요. 이제는 '지방사무'임을 수용하는 전제에서 다음 전략을 세워
야 한다고 봅니다.

전진한 우리나라 지방자치단체의 기록화 수준은 심각한 수준이라
고 보고 있습니다. 저도 강의 때문에 가보면 기록관리 부서가 가장 말
단직에 있어요. 기록관리를 무슨 총무팀의 한 구성 정도라고 생각하
지요. 이런 인식이 있는데, 무슨 지방기록을 수집하고 관리하겠어요.
돈 된다고 생각하는 축제는 그렇게 열심히 하면서, 어르신들의 구술
기록을 제대로 채록하는 곳이 없는 것이 안타깝습니다.

이재정 서울은 서울기록원을 건립하고 있는데, 다른 지역에서는 별
다른 소식이 들리지 않아요. 어떤가요?

설문원 부산에서도 2018년 지방선거를 앞두고 후보자들께서 지방
기록관리기관 설립을 공약으로 걸도록 촉구하고 있습니다. 국가기록
관리혁신 TF 보고서에서 지방기록관리 정상화를 위해 많은 제안을

했지만, 두 가지 방향을 중심으로 말씀드릴게요. 우선 지방기록물관리의 자율성과 책임성을 높이기 위한 과제입니다. 첫째, 지방기록관리의 성격과 지방기록물관리기관의 설립 근거를 지방자치법에 명시하고, 기록관리 정책기능과 전문적인 영구보존기능을 기관업무로 명시하도록 제안했습니다. 둘째, 공공기록물법 시행령에 해당하는 지자체별 지방기록관리 조례를 제정하도록 촉구했고요.

두 번째 방향은 지방기록관리기관 설치를 위해 건물과 시설 중심에서 기능과 조직 중심으로 접근하는 것입니다. 그래서 지방의 기록관리 정책과 행정을 담당하는 조직을 우선 지정하도록 제안했습니다. 이러한 조직을 통해 영구기록물관리기관으로서의 권한과 책임 일부를 실행하면서 관련 사업을 추진하도록 유도하는 방식입니다.

전진한　울산 및 제주도에서도 지방기록물관리기관 설립을 추진하고 있다고 합니다. 하지만 울산 같은 경우는 규모 면에서 좀 미비한 것 같고요. 실제 공무원들 기록들만 이관 받을 거 같아서 조금 걱정이 큽니다.

설문원　지방의 역사를 증거하는 원천은 공공기록뿐 아니라 주민과 시민단체, 다양한 공동체의 기록을 포함한 총체예요. 그래서 저는 '협력적 증거 만들기'가 필요하다고 주장했어요. 공공기관의 업무 증거를 넘어 거버넌스와 협업의 증거, 갈등과 소통의 증거를 포착하는 기록 관리를 지향해야 해요. 따라서 행정의 파트너로서 시민단체, 다양한 이익공동체의 기록에도 관심을 기울여야 합니다. 기록을 남기지 못하거나 공식기록이 없는 소외집단이나 주변계층의 목소리를 기록

'밀양 초고압 송전탑 건설 반대 주민운동 아카이브' 화면(http://mta.localityarchives.org). 설문원 교수가 부산대 '로컬리티 기록화' 연구팀과 함께 구축하였으며 주민들이 자유롭게 기록이나 의견을 직접 올릴 수 있는 참여형 아카이브다. 밀양 송전탑 건설을 둘러싸고 10여 년 이상 진행된 대립과 갈등의 기록을 포함하고 있으며, 특히 공공기록에는 제대로 남겨지지 않을 주민들의 기억을 수집하는 데에 역점을 두었다.

으로 남기는 일(archiving the unspeakable)도 지방기록관리의 중요한 임무입니다. 밀양송전탑 건립 반대 주민운동 아카이브나 한진중공업 노동조합 아카이브 등을 만든 것도 그런 취지였어요. 정부 부처나 한국전력의 기록에 밀양 할머니들의 목소리가 얼마나 들어갔겠어요? 지방기록의 다양성을 유지하는 것이 곧 기록정의의 실천이라고 볼 수 있어요.

이재정 오늘 설문원 교수님 모시고 여러 말씀 들어보았습니다. 앞으로 국가기록원과 대통령기록관이 정치적 독립성을 확보해서, 정말 국민들을 위한 조직이 되었으면 좋겠습니다. 오늘 수고하셨습니다.

대한민국
기록관리
·정보공개
운동의
시작

+ 박원순

+ 박원순

서울특별시 시장. 혁신DNA 보유자. 검사라는 옷이 맞지 않아 1년 만에 벗어던지고, 인권
변호사의 길로 들어섰다. 상근하라는 활동가의 농담을 진담으로 받아들이는 바람에 변
호사로서 시민단체에 상근하는 첫 번째 시민운동가가 되었다. 시민참여를 통한 아름다운
세상을 꿈꾸며 희망을 제작하는 데 젊음을 불태웠다. 철저한 기록 정신으로 공공의 시간
과 변화의 기록을 축적했다. 현재 서울특별시장으로 '내 삶을 바꾸는 10년 혁명'에 도전
하고 있다.

— 기록관리·정보공개 운동의 시작, 참여연대

이재정   안녕하세요? 오늘은 제가 평소 존경하던 분을 모셨습니다. 바로 서울시 박원순 시장님입니다. 시장님은 오늘 주제와 관련해서 숨겨둔 이야기들이 참 많은 것으로 알고 있습니다. 평소 꼼꼼함의 끝판 왕, 우리나라 최고의 메모 왕, 이런 별명들을 갖고 계신데요. 오늘 시장님 이야기를 하나씩 풀어 보려고 합니다. 시장님, 안녕하세요?

박원순   예, 반갑습니다. 어서들 오세요.

이재정   시장님과 전 소장님, 두 분도 인연이 깊으시지요?

전진한   제가 정보공개 및 기록활동가로 2002년부터 일하고 있는데요. 시장님이 참여연대 사무처장으로 계실 때, 1998년부터 정보공개법이 시행되었고 그해 시장님이 정보공개사업단을 만들라고 지시하셨습니다. 이후 제가 거기서 처음 간사로 일하기 시작했어요. 그 사업단이 지금의 '투명사회를 위한 정보공개센터' 모태가 된 것이죠. 특히 대통령기록물법도, 시장님이 참여연대에 계실 때 최초로 입법 제안을 하셨습니다.

이재정 그럼 우리나라에서 정보공개 및 기록관리 운동의 시초가 되신 셈이네요. 벌써 20년 전부터 그런 운동을 기획하셨다는 게 놀라울 따름입니다. 당시 아이디어는 어디서 얻으셨는지 궁금합니다.

박원순 그런가요? 하하하. 사실 전진한 소장하고는 인연이 더 있어요. 제가 2000년 '총선시민연대'에서 낙천낙선 운동을 할 때, 대구대에 강의를 갔어요. 강의 끝나고 질문하는 학생들이 없길래, 지금 질문하면 참여연대 1차 시험 면제해 주겠다고 하니까, 당시 전진한 씨가 손을 들고 질문을 했지요.

전진한 그 질문하던 사진이 대구대학교 신문 1면에 실렸습니다. 그 신문을 한 2년쯤 보존하다가 2002년 참여연대 공채시험에 들고 갔어요. 시장님께 신문을 보여 드리고, 저 기억하시냐고 여쭤봤어요. 그때 당황하시던 모습이 생생합니다. 그 덕분인지 공채에 합격했습니다.

박원순 진짜 올 줄은 몰랐지요. 하하하. 그 덕분에 전진한 씨는 완전 팔자가 바뀐 거예요.

전진한 당시 시장님 못 만났으면 평범한 직장생활 하고 있겠죠. 제가 대학시절에 자동차 영업사원을 하려고 했거든요. 시장님 덕분에 그 기운을 시민운동으로 전환한 거죠.

이재정　시장님은 기억하실지 모르지만, 저도 참여연대에서 인턴을 했어요. 참 많은 인연이 있는 모임입니다. 지금부터 본격적으로 대담을 시작해 보겠습니다. 이명박·박근혜 정부에서 공공기록이 파탄 난 시대를 모든 시민들이 경험했습니다. 하지만 바로 곁에 있던 서울시는 전혀 달랐죠. 국정농단 시대에 서울시는 얼마나 체계적으로 기록관리, 정보공개를 했는지 알아보겠습니다.

전진한　시장님은 참여연대 사무처장 하실 때부터 기록의 중요성을 강조하셨어요. 제가 참여연대 입사해서 가장 놀란 게 '3공 파일' 더미였어요. 모든 서가마다 파일이 빼곡했죠. 선배 활동가들에게 얘기를 들어보니, 사업 하나당 100개의 '3공 파일'을 준비하라고 지시하셨다고 하더군요. 기록관리 전문가를 초대해서 참여연대의 기록관리에 대해서도 컨설팅을 받았다고 들었습니다. 그때 추억으로 이야기를 풀어 주시면 좋겠습니다.

박원순　저는 기록이 곧 역사라고 생각합니다. 우리나라에서 『삼국사기』*는 지금 가장 오래된 기록물이잖아요. 현전하는 가장 오래된 역사서죠. 그런데 사실 고구려 시대에도 『국사』라고 하는 게 편찬되었다는 기록은 있거든요. 분명히 수많은 기록들이 있었을 텐데, 지금

---

* 1145년(인종 23)경에 김부식(金富軾) 등이 고려 인종의 명을 받아 편찬한 삼국시대의 정사. ('네이버 지식백과' 참고)

은 분묘나 바위에 새겨진 것 외에는 남은 게 없잖아요.

이런 공상도 했어요. 고구려가 강성했던 나라인데 『조선왕조실록』처럼 기록해서 열 군데만 보존했으면 반드시 어딘가에서는 발굴이 되었을 텐데 하는 아쉬움 말이에요. 아니면 혹시 아직도 남아 있는데 찾지 못하는 거 아닌가 하는 생각도 해 봤어요. 너무 아쉬운 거죠. 그렇게 강성했던 대국의 기록을 못 찾는다고 생각하니 얼마나 안타까워요. 결국 기록이라는 것은 그 자체로 역사이고, 문명의 상징이다, 이렇게 생각합니다.

이집트도 고대왕국이지만 알렉산드리아 항구에 그 당시로서는 최고의 도서관을 가지고 있었잖아요. 기록을 보고 평가를 하는 것이 책이죠. 그런 걸 보면서 우리가 문명이냐 비문명이냐를 가르는 것은 기록과 책이라는 생각이 들었습니다.

그래서 참여연대에서도 기록관리를 강조했습니다. 1992년에 워싱턴에서 한 6개월 정도 있었어요. 그때 ACLU(American Civil Liberties Union, 미국자유인권협회)*에 있을 때도 보니까 기록 및 정보와 관련된 사업을 많이 하더라고요. 특히 미국의 정보공개청구(FOIA) 사업이 인상적이었어요. CIA가 확보하고 있다가 비밀이 해제된 기록들에 대해 공개를 요청하는 사업이 아주 활발했습니다. 우리나라도 이런 것이 필요하다고 생각했어요. 그래서 참여연대에서도 정보공개사업을 만들어서 정보공개청구 활동 및 기록관리 운동, 대통령기록물법 제정 운동을 하자고 제안했어요.

---

* 인권과 언론의 자유 옹호를 위한 유엔의 자문기관.

전진한 제가 놀란 게, 1996년에 이미 대통령기록물법 입법청원을 참여연대에서 했더라고요. 제가 2016년에 『대통령 기록전쟁』을 쓰면서 그 법안 내용을 봤는데, 너무 정교해서 깜짝 놀랐어요. 지금 논란이 되고 있는 대통령지정기록물 제도도 법안에 포함되어 있더군요.

박원순 미국 대통령기록물법을 참고했고요. 당시 아주 열심히 준비했던 기억이 납니다. 좀 전에도 말씀드렸지만, 전 기록이 곧 역사라고 생각합니다. 기록하지 않으면 역사가 없는 것입니다. 전 역사에 관심이 많아요. 특히 조선시대를 주목했어요. 우리가 사극이나 영화를 지금 재밌게 보잖아요. 그게 다 『조선왕조실록』 덕분이에요. 사실 너무나 대단한 제도입니다. 절대권력을 가진 왕을 사관들이 따라다니며 일거수일투족을 기록하잖아요. 전 여기서 민주주의를 느꼈어요. 조선시대에는 권력감시 시스템이 있었던 거죠. 그것이 조선왕조 500년을 유지했던 힘이라고 봅니다.

그런데 우리나라 대통령들은 기록이 없는 거예요. 자리를 떠나면 기록을 하나도 남기지 않았어요. 김영삼 대통령부터 거슬러 올라가서 이승만 대통령까지, 무슨 기록이 있습니까? 박정희 전 대통령은 20년 가까이 집권했는데, 기록다운 기록이 거의 없어요. 기록이 있어야 평가를 하는데, 기록이 없으니 제대로 된 평가가 어렵고, 후대들에게 남겨줄 것이 없는 거예요. 참 기가 막힙니다.

참여연대 사무처장 맡고 있을 때, 이런 문제의식을 느꼈어요. 당시 역사학계에 있는 분들과 상의해서, 참여연대가 대통령기록물법을 제안하자고 한 겁니다. 대한민국 최초죠. 그냥 대충 만든 것이 아닙니다. 미국 제도와 해외 사례를 참조했고요. 입법청원하고 10년이 지나서 노무현 대통령 때 비로소 제도화된 것이지요. 대통령이라는 자리는요, 사생활이 없는 최고의 공적인 자립니다. 모든 것이 기록되어야 해요. 그만큼 막강한 권한과 무한한 책임을 지는 자리입니다. 저는 국정운영이 모두 다 기록화되어야 한다고 생각해요. 그것이 나중에 국정운영의 노하우로 전수되고 그렇게 축적된 기록이 우리나라를 좀 더 강한 나라로 만들어 주리라고 생각해요. 당시 미국을 보니까 주의회 기록까지도 속기가 되어 있었어요. 그런데 우리나라 국무회의 기록은 한 장짜리 요약본만 있더라고요. 그래서 2001년 6월에 활동가들한테, 청와대 앞에서 사관복 입고 붓 들고 1인 시위를 하자고 했습니다.[*]

이재정 그 사진 보면 아주 재미있을 것 같은데요.[**]

전진한 선배 활동가들이 사관복 입고 1인 시위 하다가 경찰들한테 끌려 나갔죠. 하하하. 지금 생각해 봐도, 당시 정보공개 및 기록관리 운동이 참 대단했는데요. 아이디어를 어디에서 얻으셨는지요?

박원순 국민의 '알권리'는 당연한 권리를 넘어 국민에게 주어지는 특권입니다. 국민의 알권리가 없는 민주주의란 있을 수 없습니다. 당시 참여연대 있을 때 가장 뼈저리게 느꼈던 것은 정부가 하는 일을 세세히 알아야 한다는 것이에요. 정보공개가 돼야 권력감시도 가능합

---

[*] "청와대 앞은 1인 시위 금지 구역?", 전홍기혜, 「오마이뉴스」 2001. 6. 26.

[**] [참여연대史] "햇빛은 어디에 필요한가 : 1998년~ 선샤인 프로젝트", 차병직, 참여연대, 2013. 7. 26. http://www.peoplepower21.org/Magazine/1057971

니다. 알권리가 없으면 감시도 없습니다. 예를 들어 스웨덴은 1776년에 정보공개법을 시행했어요. 정말 대단하죠. 지금 전 세계에서 가장 투명한 나라가 스웨덴입니다. 스웨덴은 중학교 때부터 학생들이 교장선생님 공공 이메일로 정보공개청구를 합니다.

어떻게 이게 가능할까요? 만약 우리 중학생들이 그랬다면 예의 없는 행동이라고 하겠지요. 스웨덴은 이렇게 예의 없는 것을 가르칩니다. 교장선생님에게 정보공개청구를 하라고요. 그러니 정부가 투명해지고 책임감이 더 커질 수밖에 없습니다. 국회를 개혁하려면 국회의원들 월급이 얼마인지, 국회사무처가 어떻게 구성되어 있는지 자세히 알아야 해요. 공공기관 건물만 하더라도 관련 비용과 어디 회사에서 공사를 맡았는지 알아야 해요. 지금은 이런 정보를 공개하는 것이 당연한 것이 되었지만, 1998년만 하더라도 이런 개념이 전혀 없었어요. 그래서 참여연대가 선도적으로 정보공개 운동을 하자고 제안한 것입니다.

이재정 참여연대는 정보공개 운동도 대단했지만, 기록관리 시스템이 확고했어요. 제가 참여연대 인턴으로 왔더니, 2층으로 내려가는 길에 작은 창고가 있었습니다. 거기에 보면 판사·검사들에 관한 파일들이 있었던 것으로 기억합니다. 그때 제가 그 파일에다 스티커 붙이고 분류하는 일을 했어요.

박원순 이런 고급 인력한테 그런 작업을 시켰다니 미안하네요. 하하하. 그때가 막 인사청문회 제도가 도입된 시기였어요. 인사청문회도 참여연대가 강력하게 주장했던 거였어요. 그런데 당시만 하더라도 인사청문회에 필요한 자료가 제대로 없던 시절이었습니다. 국회의원들이 맨손으로 가서 사사로운 질문이나 하고 그랬던 기억이 납니다. 그래서 참여연대가 판사·검사, 유력 정치인들의 자료를 모으기 시작했죠.

기억나는 에피소드가 있네요. 당시 이한동 국무총리 인사청문회가 열렸는데, 우리가 제보를 받은 것이 있었어요. "이 길은 전두환 각하의 분부로 건설부와 국방부가 시행한 공사로서 호국로라 명명하시고 글씨를 써주셨으므로 이 뜻을 후세에 길이 전한다"라는 글귀가 적혀 있는 전두환 공덕비를, 이한동 총리 내정자가 1987년에 국회의원 신분으로 세운 거예요. 그 위치가 의정부시에서 포천으로 가는 축석고개였는데요.* 우리가 직접 가서 사진도 찍어서 청문회장에 배포했습니다. 그 덕분에 당시 이한동 총리 내정자가 청문회에서 크게 곤란을 겪었습니다.

이재정 그때 파일이 한 6천 명, 판·검사들은 다 모았던 것 같아요.

박원순 우리가 낙천·낙선운동을 해보니까 평소에 기록관리가 필요하겠다는 생각이 강하게 들었어요. 시민들도 판·검사의 판결문, 공소장을 자유롭게 보고 판단할 수 있어야 하거든요. 우리 참여연대가 꼼꼼히 아카이빙 했습니다. 전 그때 이런 활동이 '민간 국정원'이다. Civilian CIA라고 주장했지요. 보통 CIA라고 할 때 Central Information

---

* [기자회견자료] "이한동 총리 인준에 반대해야 할 20가지 이유 발표", 참여연대, 2000. 6. 22. http://www.peoplepower21.org/Politics/525573

Agency가 아니라 Central Intelligence Agency라고 하거든요. Intelligence라는 말은 일반 Information하고는 달리, 어떤 특별한 의도와 기획 아래 수집된 정보라 할 수 있죠. 한 사람에 대한 모든 자료를 모아두면 그 사람의 삶과 행동 스타일과 철학과 비전 등을 다 볼 수 있습니다.

이재정 지금 생각해도 엄청난 활동이었던 것 같습니다. 어쩌면 사법 감시 시스템을 만들어내는 계기가 된 것 같기도 하고요. 저도 얼마 전에 김명수 대법원장 인사청문회에 참석했지만 지금은 누구나 대법관, 헌법재판관의 판결문, 검찰의 공소장을 비평하거든요.

박원순 심지어요, 제가 『고시계』 같은 데 실린 사법고시 합격수기들도 모았어요. 거기서도 한 사람의 철학을 알 수 있습니다. 아무리 사소한 기록도 모아 놓으면 그게 어마어마한 정보가 된다는 거죠.

전진한 당시에 참여연대에 있던 사법 아카이빙 벽 이름이 '민주주의의 벽'이었습니다. 신입간사 시험 보러 와서 그 벽을 처음 봤는데, 어찌나 가슴이 뛰었는지 몰라요. 뭔가 묘한 감동이 있었습니다.

박원순 그것도 파일이 잘 보일 수 있도록, 제 아내에게 부탁해서 '민주주의 벽'을 살짝 디자인을 한 거였어요. 시민들에게 전달이 좀 더 잘 될 수 있도록 하려고요.

이재정 당시 참여연대 사법감시센터에서 법원의 판결에 대해 비평도 했던 기억이 납니다. 판결문 하나하나를 분석한다는 것도 매우 중요한 역사를 남기는 것이지요. 그러고 보면, 지금 우리가 기록 이야기를 하고 있지만, 당시의 이런 활동들이 정말 중요한 가치를 보여주었던 것 같습니다.

박원순 누군가 기록하고 평가하고 보존하고 있다고 생각하면, 판·검사들도 훨씬 더 신중하고 엄격하게 판단하지 않겠어요? 어떤 이해관계에 매몰되지 않고 좀 더 공정하게 일하게 만드는 효과가 있는 것이지요. 자신의 공소장과 판결문이 역사에 남아 어떤 평가를 받을지를 생각한다면, 더 엄중하게 고민할 수밖에 없을 겁니다.

─ 정권의 '요주의 인물'이 되다

전진한 다른 이야기를 좀 해 보죠. 그 후 희망제작소 계실 때, 국정원으로부터 사찰을 많이 당하셨는데요. 문재인 정부 국정원개혁특위에서 그에 관련된 사실을 밝혀 더욱 화제가 되었습니다. 도대체 이명박전 대통령은 박 시장님을 왜 그렇게 견제했을까요? 희망제작소가 반정부적인 단체도 아니었는데 말입니다. 심지어 당시 시장님이 사찰당했다고 폭로하니까, 정부 이름으로 소송을 제기하기도 했죠.

박원순 그랬지요. 그때 박주민 현 의원이 제 변호인 중 한 사람이었습니다. 나도 처음에 이해가 안 되었어요. 내가 나중에 가서야 이해하게 된 것은 이런 거예요. 2008년 이명박 정부가 조지 부시 대통령을 만나고 와서 쇠고기 검역조건을 완화합니다. 당시 시민들이 엄청나게 화가 나서 '광우병 집회'가 연일 열렸잖아요. 이명박 정부는 자신의 잘못을 생각하기보다는 주모자를 찾았던 것 같아요. 그런데 이 집회는 특정 단체에 의해서 주도된 것이 아니에요. 시민들이 자발적으로 모여서 한 겁니다. 그때 중학생들이 모여서 집회를 시작한 거예요.

그런데 사람들이 하도 많이 모이니까, 연단도 만들고 촛불도 나눠주는 실무적인 위원회가 필요했어요. 거기에 실무책임자가 박원석 참여연대 사무처장(전 정의당 국회의원)이었어요. 그런데 내가 어느 날 택시를 타고 가는데, 택시기사가 나를 보더니 "아직 감옥 안 가셨어요?" 하고 물어보는 거예요. 이게 무슨 소리인가 했더니, 당시 박원석 씨가 체포영장이 발부되어서 조계사로 피신하고 있었어요. 택시기사도 '박원석'과 '박원순'을 구분하지 못한 겁니다.

이명박 정부도 아마 나와 박원석을 헷갈린 게 아닌가 싶어요. 어떤 자리에서 "박원순이 촛불 주동자"라는 이야기가 나한테 들린 거예요. 그때 제가 알게 됐어요. 아, 이 사람들이 박원순과 박원석을 헷갈려하고 있구나. 당시 정부가 그 정도였어요. 하하하.

이재정　박원석 전 의원님께서 이렇게 이 책에 등장하셨네요. 너무 우스운 이야긴데요. 하하하하.

참가자 모두　(큰 웃음) 하하하. 너무 히트다.

박원순　아무튼 그랬습니다. 제가 시민사회 진영의 리더 중 한 사람이잖아요. 아마도 당시 이명박 정부 핵심관계자들이 진보세력의 싹을 잘라야겠다는 생각을, 광우병 집회 이후에 했던 것 같아요.

이재정 제가 이번에 국가기록원을 방문해 이명박·박근혜 정부의 문건들을 보면서 그런 생각을 했어요. 왜 그들은 박원순 시장에게 집중했을까. 물론 대선주자이기도 했고, 시민사회 리더였기 때문이라고 말하는 분들도 있지만, 제가 보기엔 다른 면이 있는 것 같아요. 박원순 시장님이 집요하게 기록하는 것을 보고, 또 시민들 삶 속으로 파고드는 생활정치를 통해 에너지를 모아내는 것을 보고, 그 모습을 가장 두려워하지 않았을까 싶어요. 저들이 보면 박원순 시장님은 뭔가를 가지고 있다고 본 것 같습니다.

전진한 시장님은 사실 철저히 '실무형' 리더이십니다. 집요하고, 작은 문제까지도 직접 다 파악하는, 걸어 다니는 정보기관이라고 해도 과언이 아닐 정도로……

박원순 그게 문제죠. 하하하.

전진한 권력을 가진 사람들은 이런 사람들을 무서워하죠. 저도 이명박·박근혜 정부에서 블랙리스트로 찍혔습니다. 제가 정부 구조를 잘 알거든요. 그중에서 타깃을 정하고 핵심적인 정보를 내놓으라고 하니까, '요주의 인물'로 찍힌 거죠. 권력기관들은 이렇게 세부적인 것을 잘 아는 사람들을 싫어하는 것 같습니다.

이재정 예전에 제주도로 예비법조인들 워크숍을 갔다가 마침 시장님도 제주도에 계신다는 소식을 듣고 인사차 숙소로 찾아뵌 적이 있습니다. 그때가 외국여행을 다녀오신 직후였는데, 노트북에 사진자료랑 영상자료를 그새 다 분류해 놓으신 것을 보고 깜짝 놀랐어요.

박원순 오래전 일이라 그때 어느 나라 여행사진을 보여줬는지 잘 기억은 안 나는데요. 아무튼 저는 바닥에 굴러다니는 유인물 하나도 함부로 버리지 않아요. 그걸 다 모아 놓습니다. 예전에 제가 변호사일할 때, 꽤 벌이가 좋아서 (웃음) 여러 단체에 후원을 많이 했어요. 한 단체에 월 10만 원 정도 후원했던 것 같아요. 그러면 후원 받은 단체들이 이런저런 자료를 모아다 줬어요. 제가 기록 좋아하는 걸 다들 알았던 거죠. 그러다 보니, 제가 1980년대 운동권이나 민주화운동과 관련된 웬만한 기록을 다 가지고 있어요. 이렇게 모든 것을 기록하고 분류하는 것을 즐깁니다. 여행할 때에도 사진, 메모, 비행기표까지 다 아카이빙 해 둡니다. 분류를 잘 해두면 여러모로 좋아요. 예를 들어, '관광'이라는 큰 주제 밑에는 '교통관광'이라고 두고, 자전거 여행, 도보 여행, 자동차 여행 같은 것을 세부 카테고리로 묶습니다. 이런 자료들을 모아두면, 필요할 때 책 한 권이 금방 됩니다.

― 혁신의 본고장, 서울시

전진한 다른 얘기 좀 해 보겠습니다. 서울시가 전국에 충격파를 준 것이 또 하나 있는데요. 바로 '정보공개정책과'를 만든 겁니다.

박원순 그건 전진한 소장이 그렇게 하라고 했잖아요. 하하하.

전진한 예, 제 제안을 받아주셨죠. 고맙습니다. 제가 다른 지방자치단체 가서 강연을 하면 서울시 정보공개정책과 이야기를 꼭 합니다. 그러면 국·과장님들이 질문을 많이 하세요. 어떻게 그런 부서가 생길 수 있는지 너무 궁금하다고요. 솔직히 이게 서울시청 입장에서 보면 매우 부담스러운 부서거든요. 정보공개청구도 받고 정보소통광장 만들어서 다 공개하고, 정보공개심의회도 만들어서 때로는 심의회 요구로 자료를 공개하게 되기도 하고요. 정보공개정책과가 시장님 입장에서는 꽤 불편하셨을 수도 있는데, 어떻게 그런 일들을 해내셨는지 궁금합니다.

박원순 노무현 정부가 2003년도에 파병을 결정했잖아요. 그런데 당시 국가인권위원회가 파병을 반대합니다. 그러면서 당시 정치인들이 국가 정책을 반대하는 정부 부처가 있을 수 있냐고 질문한 적이 있어요. 그런데 노무현 대통령이, "국가인권위원회는 원래 그런 의견을 피력하라고 만든 곳"이라고 답변합니다. 매우 인상적이었습니다. 노무현 대통령이 가장 '노무현스럽다'고 생각하는 것 중 하나가 바로 이런 겁니다.

서울시도 마찬가지입니다. 서울시가 기록, 데이터 같은 것들을 공개하면 공격받을 가능성이 아주 높아집니다. 모르면 문제제기를 할수가 없죠. 그런데 우리는 늘 공개하고 있기 때문에 계속 비판적인 기사들이 나갑니다. 그래서 어쩌면 손해 보는 일이 많아요. (웃음) 나는 그럼에도 불구하고 장기적으로 봤을 때, 기록과 정보공개가 서울의 발전에 도움이 된다는 신념을 가지고 있어요.

국회나 시의회, 언론에 의해서 감시 받고 비판 받으면 당장은 좀 아플지 몰라도 더 큰 사고를 예방할 수 있다고 믿습니다. 전 세계 행정에서 가장 중요한 담론을 꼽으라고 하면, 첫 번째가 Transparency & Accountability, 즉 투명성과 책임성이라고 생각해요. 투명성과 책임성이 보장되고 강화되는 도시와 국가는 위대해진다, 저는 그런 신념으로 정보공개정책과를 만들었습니다.

전진한　저도 그런 의도로 시장님께 제안 드린 건데, 이렇게 잘 운영해 주셔서 시민의 한 사람으로서 정말 고맙습니다. 정보공개 때문에 갈등이 일어나는 공공기관은 절대 성공할 수 없다는 신념을 저는 가지고 있었습니다. 그런 면에서 시장님 철학이 정말 훌륭하다고 봅니다.

이재정　게다가 지금은 시민들과 함께 기록을 보존하고 공개하는 공간을 만들고 계시죠? '서울기록원'이라고요.

전진한　독일 슈투트가르트에 간 적이 있습니다. 슈투트가르트 시에 아카이브가 있더군요. 상당히 큰 건물로 되어 있었는데, 참 인상적이었어요. 이런 것이 도시에 참 중요하다고 생각했어요. 도시를 이해하는 데 꼭 시장의 연설만 중요한 것이 아니잖아요. 수많은 생활상의 기록, 공공기관이 생산한 기록, 민간단체에서 생산한 기록 등을 총괄하는 제대로 된 아카이브가 필요하겠다고 생각했습니다. 나중에 후손들이 서울에 관한 사회사나 인물사를 연구할 때에, 제대로 된 아카이브 하나 없는 게 말이 됩니까? 그래서 서울기록원이라는 것을 만들기로 하고, 498억 원의 예산을 집행했습니다. 서울시에서 상당히 큰 투자를 한 거죠. 이것이 시민들을 위한 하나의 박물관이자 미술관이었으면 좋겠다고 해서 전시관도 만듭니다. 기록을 오래도록 잘 보존하는 것이 매우 중요하기 때문에, 튼튼하게 짓고 있습니다. 내진 설계는 아마 우리나라 최고일 겁니다. 대통령기록관보다 뒤에 짓는 거니, 더 잘 만들어야겠죠? (웃음)

이재정　서울시에, 다른 지방자치단체에서 벤치마킹하기 위해서 견학도 오고 관련된 자료도 요청하는 일이 많았으면 좋겠네요. 그러다 보면 자치단체 간의 네트워킹, 교류협력의 중심이 될 수 있을 것 같습니다.

박원순　지금 우리가 하는 것 보고 경상남도가 기록원*을 만드는 데 의욕을 갖고 추진하고 있어요. 저희도 계속 지원하려고 합니다.

전진한　서울기록원 착공식 할 때 지방기록물관리기관으로 우리나라 최초였는데, 당시 행정자치부 장관과 국가기록원장이 참석하지 않았어요. 기가 막혔습니다. 화가 나기도 했고요. 아마도 정권에서 싫어한 서울시에서 했던 행사라 그랬던 것 같습니다. 제가 그때 신문에도 비판을 했었죠.

박원순　내가 전생에 뭘 잘못해가지고…… (웃음)

이재정　그들이 보기에 '우리 편'이 아니라고 생각했던 거죠. 옹졸했

* "지역 중요기록물 보존 관리 '경상남도 기록원' 착공", 황봉규, 「연합뉴스」 2016. 12. 6.

던 겁니다.

박원순 제대로 된 정권이었고 제대로 된 행정자치부 장관이었다면, 이런 사례는 전국적으로 홍보하고 협력적 네트워크를 만들고 재정적으로 지원해야죠. 이게 서울시의 기록이지만 동시에 국가기록이기도 하잖아요. 서울은 뭐 중국정부 소속인가요? 그게 아니잖아요.

— 박근혜 정부 기록농단 사건을 보다

이재정 지난 정부가 수많은 파탄을 냈지만 무엇보다 기록물과 관련해서 여러 가지 큰 사건이 터졌습니다. 시장님은 박근혜 정부의 기록농단 사건을 보면서 어떤 느낌을 받으셨어요?

박원순 먼저 노무현 대통령 이야기부터 하지 않을 수 없는데요. 그분은 기록에 대해서 엄청난 식견을 가지고 계셨던 것 같아요. 모든 것을 기록하게 하고, 그걸 잘 보존하도록 했죠. 한마디로 역사의식이 투철했던 대통령이었던 것 같아요. 그런 면에서 우리나라에 좋은 선례를 만들었는데, 이게 이명박 정부 이후 완전히 무너진 거예요. 기록에 대해서 아무런 의식이 없는 정부들이 9년을 지속하다 보니, 국가기록 체계 자체가 완전히 허물어져 버렸습니다. 아마 문재인 대통령께서도 이걸 복원하고 또 더 발전시키고 싶어 하시는 것 같아요.
　기록이 꼭 보존하는 일만 있는 것은 아닙니다. 오히려 활용이 더 중요하기도 하죠. 예를 들어 어르신들은 어느 지하철역에서 가장 많이 나오시는지 데이터를 갖고 있으면, 어르신 관련 사업들을 더 효율적으로 하지 않겠어요? 위성과 관련된 자료들이 공개되면, 버스도착 시간을 다 알 수 있잖아요. 심지어 주차장이 어디에 있고 거기 버스가 도착할 때 몇 석이 비어 있는지, 이런 걸 다 앱으로 개발할 수 있거든요. 말하자면 이런 것들이 전부 경제적 효과가 있는 겁니다.

전진한 실제 촛불집회 때 참가자가 경찰 추산 50만, 주최 측 추산 200만, 그런 얘기가 나올 때 시장님이 무슨 이런 시대에 추산을 하느냐, 정확한 데이터를 뽑아 오라고 지시하셨죠. 실제 지하철, 버스 승하차 인원, 전화통화량 등을 분석해서 정확하게 집회참석 숫자를 제시하셨지요.

집회 얘기가 나와서 말인데요. 촛불집회가 이제 1주년이 되었습니다. 서울시의 역할이 아주 컸던 것으로 평가받고 있습니다. 특히 경찰 물대포에다가 물 주지 마라, 그 다음에 화장실 개방하고 광장을 철저하게 관리해서 불상사가 일어나지 않게 하라, 이런 지시를 많이 하셨습니다. 촛불집회 당시에 부각되지 않았던 시장님의 역할이 뒤에 많이 평가되고 있는데, 솔직한 심경을 좀 말씀해 주시지요.

박원순 그건 누구라도 해야 할 역할 아닌가요? 대한민국 헌법에서 가장 중요한 조항은 '표현의 자유'입니다. 시민의 저항도 하나의 표현입니다. 모든 기본권을 보장하는 기본권이 바로 '표현의 자유'입니다. 그걸 보장해 주고 있는 것이 언론출판의 자유, 집회결사의 자유인데, 그걸 보장해야 하지 않겠어요?

그런 것을 디테일하게 챙긴 것은 우리 서울시 공무원들이죠. 우리 서울시 공무원들이 시민민주주의를 수호했다는 점에서 매번 감사하게 생각하고 있습니다. 그때 제가 강조한 것, 지시사항 중 하나가 촛불집회 관련한 모든 자료를 모아라, 흩어지면 이 자료는 다시는 볼 수 없다는 거였어요. 우리 정보공개정책과에서 자료를 철저하게 모았다고 그래요. 그리고 서울역사 박물관에서도 모았어요. 지금 촛불 관련 전시도 하고 있습니다. 세월호도 마찬가지입니다. 언젠가는 '세월호 추모관' 같은 것이 만들어져야 한다고 생각합니다. 심지어 세월호 추모 기록도 우리가 다 모아났거든요. 서울도서관 건물 2층에서 상시적으로 전시도 하고 있고요.

이재정 전 기록이라는 것이 경제적 효용만을 따질 수는 없다고 봐요. 예를 들어 '노동자의 쉼', '가정의 행복' 같은 것이 경제적 효용성으로만 평가할 수는 없는 거잖아요. 마찬가지로 기록이 줄 수 있는 효과, 시장님 말씀을 들으니까 그런 상상이 막 되는 것 같아요.

전진한 정보공개정책과가 '광장 기록화 사업'이라는 걸 했어요. 이 서울시 광장 앞에서 100년 동안 무슨 일이 벌어졌는지를 기록화한 거죠. 이 광장 앞에서 엄청난 일이 있었죠. 6·25도 일어났고, 4·19혁명, 5·16 쿠데타도 있었고요. 그런 것을 보여 주니 시민들이 매우 좋아했던 기억이 납니다.

이재정 에피소드 하나 말씀드릴까요? 저희가 서울시에 국감자료 요청을 하는 과정에서 지하철 무임승차와 관련된 자료를 요청했는데, 그 자료가 정보소통광장에 올라간 거예요. 통상 국회의원이 요청한

"노무현 전 대통령은 기록에 대해
엄청난 식견을 가지고 계셨던 것 같아요.
모든 것을 기록하게 하고, 그걸 잘 보존하도록 했죠.
한마디로 역사의식이 투철했던 대통령이었습니다.
그런 면에서 우리나라에 좋은 선례를 만들었는데,
이게 이명박 정부 이후 완전히 무너진 거예요. 기록에 대해
아무런 의식이 없는 정부들이 9년을 지속하다 보니,
국가기록체계 자체가 완전히 허물어져 버렸습니다."

자료는 일단 공개하지 않고 의원이 공개할 때까지 기다려 주는데, 자동으로 공개가 된 거죠. 그래서 저희 의원실에서는 많이 놀라기도 했어요. 서울시는 공개로 설정되어 있는 문서를 자동으로 공개하는 시스템이라, 의원실과 협의 없이 그냥 공개한 거죠. 언론에서는 그 자료를 가지고 2016년 서울지하철 운영 손실액의 90%가 무임승차로 인해 비롯된 것이라고 엉뚱한 데 초점을 맞춰 보도를 했지요.

박원순 보수언론들은 서울시나 이재정 의원이 노인복지를 줄이려고 하는 의도를 가지고 있는 것 아닌가 하는 의심을 했나 보네요.

이재정 지하철 무임승차와 관련한 저의 문제의식과는 전혀 다른 취지의 보도가 나갔기 때문에 곧바로 의원실 차원에서도 보도자료를 발표했어요. 도시철도를 이용하는 시민의 안전과 어르신·장애인·국가유공자 등에 대한 복지가 우선순위를 두고 상충하는 사안이 될 수 없고, 정부의 지원과 지자체의 노력으로 시민 안전을 위한 재정 여건을 개선할 수 있다는 것이 제가 제안하고자 했던 정책대안이었거든요.

전진한 시스템이 너무 선진적으로 되어 있어서 발생하는 해프닝이네요. (웃음) 시장님 재임 기간 동안 이명박·박근혜 정부 지나, 문재인 정부까지 오면서 참 기묘한 동거를 해 온 거 같아요. 서울시는 이렇게 시스템이 선진화되어 있는데, 한쪽은 '세월호 7시간' 동안 무엇을 했는지 아직도 모르고 있거든요. 그걸 공개해 달라고 싸우고 있고요. 시장님 입장에서 여러모로 아주 답답했을 거라고 짐작합니다만.

박원순 그거 답답한 거 생각하면 일을 못 하니까 서울시라도 잘해야 한다는 책임감이 더 컸습니다. 실제로 정부가 협력해 줬으면 시행착오 줄이고 모든 걸 훨씬 더 잘할 수 있었겠지요. 그럼에도 불구하고 서울시장으로서 가진 권한과 재정과 범위 안에서 최선을 다했습니다. 문재인 정부가 출범하는 데 인수위원회가 없었잖아요. 어쩌면 서울시가 오래된 인수위원회 역할을 해 온 게 아니냐고 사람들이 이야기합니다. 실제로 서울시의 선도적 정책들을 정부가 채택하여 전국화되고 있습니다. 지금 문재인 정부에서 활약하고 있는 인재들도 보수정권 시절에는 갈 데가 없었기 때문에, 서울시에서 일을 많이 했었어요. 그렇게 보면, 서울시가 그런 인재들과 함께 일할 수 있어서 큰 복을 받은 셈이죠.

이재정 여담이지만, 초기에 문재인 정부 청와대 인사들이 등용되는 과정을 보면서, 왜 '박원순계'가 이토록 많이 등용되느냐 하는 이야기도 있었는데요.

전진한 그전에 일할 데가 서울시밖에 없었어요. 저도 서울시 정보공개심의회에서 열심히 일했습니다. 하하하.

이재정 이 책이 나올 즈음이면 지방선거 전후가 될 거 같은데요. 곳곳에 '박원순계'를 심어 놓으신 시장님으로서, (웃음) 그 무렵 어떤 모습으로 계실 것 같습니까? 어떤 계획이 있으십니까?

박원순 무슨 기자처럼 질문하시네요. 하하하. 그전에 문재인 대통령께서 높은 지지율을 기록하고 있고, 국민들한테 큰 안정감을 주면서 잘하고 계시잖아요. 저는 문재인 대통령께서 이렇게 일을 잘할 줄 알고 있었습니다. 선거 중에 저를 만나서 하신 말씀이, 서울시에서 검증된 정책과 인재들을 갖다 쓰겠다고 분명히 이야기하셨어요. 그때 매우 실용적인 분이라고 생각했어요. 사실, 한 5년 정도 지나면, 그때 저렇게 할걸 하는 후회를 많이 합니다. 솔직히 저도 지금 그런 것들이 상당히 있거든요. 그런데 어떤 단위에서 이미 실험하고 성공한 것을 가져와 적용하면, 성공 가능성이 높죠. 그래서 이 정부가 성공할 가능성이 매우 높아진 겁니다. 저도 지난 6년간 시정 경험이 축적되어 있기 때문에, 어떤 경우에라도 문재인 정부와 서울시의 성공을 위해서 역할을 하고 있을 것 같습니다. (웃음)

이재정 말씀을 나누다 보니 시장님은 이 대화 속에서도 아이디어를 찾아서 정책으로 만드시지 않을까 하는 생각을 해봤습니다. 늘 고민을 하고 계시는 거 같아요. 시장님이 참여연대 계실 때 아나바다 운동처럼 길거리에 헌 물건을 내놓고 파신 적이 있거든요. '아름다운 가게'의 시발이기도 했는데요. 제가 가난한 고시생 시절에 거기서 구두 사다 신었어요. 제 인생 최초의 굽 있는 구두를 3,000원에 샀습니다.

전진한 그 구두 보존 좀 해 놓으시지. 엄청난 기념품이 될 텐데요.

박원순 그런 거 갖고 계시다가 인터넷에 내놓으면 비싸게 팔릴 텐데…… (웃음)

이재정　하하하, 아쉽네요. 지금은 가지고 있지 않습니다. 어쨌든 그런 게 저한테는 행복한 기억으로 남아 있는데요. 시장님을 통해서 또 어떤 행복 정책이 실현될지 기대됩니다.

박원순　저는 어떤 외국의 도시나 국가보다 투명한 서울시가 되도록 만들겠다고 다짐하고 있습니다. 최근 우리가 시작하고 있는 것이 '회의 공개'입니다. 물론 일부 회의는 비공개할 것이 있겠지만, 가능하면 공개하겠다는 것이 제 생각입니다. 생중계면 더 좋고요. 회의를 공개하는 것이 정보공개의 '끝판 왕'이라고 생각합니다. 예를 들어 국회의 의정활동이 생방송되면서 의원들의 질의 수준이 확 올라갔잖아요. 시민들이 지켜보고 있으면, 더 연구하고 긴장할 수밖에 없는 거죠. 그런 것처럼 예산 심의와 특히 소위원회에서 마지막에 서로 '쪽지 예산' 오고가는 것 끝까지 공개되면 확실히 좀 달라질 거라고 생각합니다.

― 원순 씨, 수첩을 보다

전진한　시장님, 지금 갖고 계신 게 그 수첩이지요? 엄청난 메모를 하고 있다는 수첩요. 사진 좀 찍겠습니다.

이재정　아, 그 유명한 수첩이네요. 요즘에는 많이 안 쓰신다고……

박원순　요새 일부러 많이 안 들고 다녀요. 서울시 공무원들이 너무 힘들다고 해서요. 하하하.

전진한 예전부터 '공포의 수첩'이라고 하던데요. 수첩 열면 직원들 얼굴이 하얗게 변한다고요.

이재정 공감이 막 되는 표정이신데, 하하하.

박원순 이 수첩에 적힌 거 보여 드릴까요? 예컨대 시정 2015년 6월 15일부터일 거예요. 제가 메모하고 제가 빨간 줄로 그었잖아요. 이건 담당부서에 전달이 끝났다는 표시예요.

이재정 지금 옆에 앉아 계신 공무원분들이 갑자기 사색이 되시잖아요. (웃음)

박원순 2015년 6월 17일에 환경재단 최열 총장님 만난 얘기가 나오네요.

이재정 시장님, 혹시나 싶어 드리는 말씀이지만, 안종범의 수첩처럼 언젠가 범죄의 증거가 되거나 그렇진 않겠죠? 하하하.

박원순 하하하. 제가 그런 일은 아예 안 하니까. 그런 걱정 때문에 기록을 안 하면 안 되고, 문제가 될 행동은 하지 말아야죠. 실제로 시민들 만나서 이렇게 적고 있으면 다들 좋아하세요. 태블릿 PC 이런 걸로도 메모할 수 있지만, 그걸 하고 있으면 사람들이 딴 짓 하는 줄 알아요. 시민들이 하는 이야기를 경청하고, 이렇게 열심히 메모해서 검토하는 모습을 시민도 좋게 봐주시는 거 같아요.

이재정 훨씬 성의 있게 보이죠.

박원순 그렇죠? 이렇게 적은 걸 시민들에게 일일이 답변해 드려요. 얼마 전 더불어민주당 시당 당정협의회가 있었는데요. 문제제기 나온 걸 제가 다 메모해서 하나씩 하나씩 다 답변을 했거든요. 정치인은 그래야 되는 것 같아요. 그래서 이 메모라는 게 참 중요한 것 같고요. 자료를 잘 정리하면요, 책 쓰는 데도 결정적으로 중요해요. 기록만 잘하면 책은 저절로 나오는 거예요.

전진한 제가 툭 질문했는데, 그걸 기억하고 계셨다가 답변을 주시면 엄청 감동적일 거 같습니다.

박원순 이것도 보여 드릴게요. 제가 아직도 이렇게 두툼한 다이어리 노트를 씁니다. 여기 일정 다 쓰고요. (다이어리를 가리키며) 제가 이 날은 지리산을 갔네요. 지리산 청학동에서 삼신봉, 쌍계사, 귀경(歸京)하고 이발했다, 이렇게 적힌 걸 보니 당일에 올라 왔네요.

이재정 비행기표까지도 모아져 있어요.

박원순 이때 같이 회의했던 사람이 누구인지, 전화해야 될 분들 리스트도 적어 두고요. 일기 겸 메모도 하고요. 이거 보면 제가 뭐했는지 다 알 수 있죠. 2016년 추석 연휴에는 뭘 했는지 여기 다 있잖아요. 영화 '밀정'을 봤네요. 세월호 농성장 방문했고, 북한산 종주도 했고.

전진한 시장님 메모는 다 알아주잖아요. 집요하게 적으시고, 평가하시고, 계획하시고…… 저도 시장님한테 배워서, 가능하면 3년에 한 번이라도 제가 한 활동에 대해, 기록을 정리해서 책을 내려고 합니다.

박원순 그러니까 기록을 잘 정리하면 책 쓰는 건 일도 아니에요. 혹시 나중에 회고록을 쓴다고 하면, 여기에 일기도 있지, 뭐 했는지도 다 나오니까 앞으로 책의 내용이 연상이 되잖아요. 해 보면 재밌어요. 뭐든지 재미가 있어야 해요.

여기 시장실 벽을 보시면 제가 결재했던 기록들이 다 나타나는 거예요. 지금은 디지털로 만들어서 수첩 쓸 일이 별로 없는데, 이걸 버리기가 힘들더라고요. 그래서 이거 여전히 관리하고 있습니다. 이게 생각을 정리하는 데 도움이 되거든요. 예컨대 여기 파란색은 재정에 관한 것, 빨간색은 경제에 관한 거예요. 이쪽 밑에 하늘색은 관광에 관한 것, 아주 밑에는 일자리에 관한 거고요.

이재정 이 파일과 폴더에 제목을 직접 다 적으신 거예요?

박원순 그럼요. 그걸 적으면서 사업에 대해 구상하고 결의를 다집니다.

전진한 이렇게 집요하게 관리하시니까, 그동안 서울시가 큰 성과를 냈던 것 같아요. 저도 멀리서 시장님을 지켜보았고, 일부 사업에는 참여도 했는데요. 그동안 서울시가 이룬 성과가 작은 것이 아닙니다. 큰 상징적 이벤트는 하지 않았지만, 서울시민들은 시장님이 이룬 성과를 잘 알고 있는 것 같아요.

이재정 시장님, 앞으로도 큰 활약 기대하고요. 오늘은 대통령기록, 정보공개 제도의 사실상 원 저작자인 박원순 시장님을 만나 보았습니다. 철저히 기록하고 이를 투명하게 공개함으로써 만들어 내는 리더십, 시민들은 이런 열린 행정을 간절히 원하고 있는 것 같습니다. 투명한 서울시가 앞으로도 우리 사회에서 보석처럼 빛났으면 좋겠습니다.

전진한 오랜만에 시장님 뵈어서 참 좋았습니다. 앞으로 더욱 건강하시고, 우리 사회를 위한 행정가, 기록하는 사관이 되어 주시길 바랍니다.

* 대화를 마치고 박원순 시장은 시장실 곳곳을 보여 주었습니다. 손수 쓴 파일 제목에서부터 각종 첨단 장비로 되어 있는 디지털 기록관까지. 메모 하나하나에 열정이 가득해 보였습니다. 박원순 시장의 집요함이 여기에서 시작되었다고 생각하니, 뭉클하고 감동적이었습니다. 방문객들이 쓴 격려 편지까지 하나도 버리지 않고 잘 보존하고 있었습니다. 기록에 대한 집념이 얼마나 대단한지 알 수 있는 대목이지요. 작은 것에 대한 철저함과 집요함이 지금의 박원순 시장을 만들었다고 생각합니다. 어쩌면 이 시대의 진짜 '사관', '기록자'일지도 모르겠습니다. [이재정]

역사학자의
눈으로 본
박근혜
·최순실
사태

+ 심용환

+ 심용환

역사학자. 심용환 역사N교육연구소 소장. 현재 성공회대 외래교수로 '헌법과 한국현대사'
를 강의하고 있다. 2015년 국정교과서 사태 때 SNS에 올린 '카톡 유언비어 반박문'이 전
국적 화제가 되었다. 이후 〈진짜역사 가짜역사〉, 〈CBS 심용환의 근현대사 똑바로 보기〉,
tvN 〈어쩌다 어른〉, JTBC 〈말하는대로〉 등 언론과 방송에서도 종횡무진 활동하고 있다.
최근에는 블랙리스트 사태를 지켜보며 국가를 감시하는 진짜 사관(史官) 역할을 다짐하
고 있으며, 대표 저서로 『역사 전쟁』, 『심용환의 역사토크』, 『단박에 한국사』, 『헌법의 상
상력』 등이 있다.

— 잘나가는 역사강사에서 프리랜서로

이재정 안녕하세요? 오늘 모신 분은, 최근에 역사를 쉽게 설명하는 글과 강의로 대중들의 호응을 많이 받고 계시는 심용환 역사N교육연구소 소장입니다. 베스트셀러 작가이기도 하신데요.『역사 전쟁』,『단박에 한국사』,『헌법의 상상력』같은 많은 책을 쓰셨습니다. 심용환 소장님과 함께 "역사는 박근혜·최순실 사태를 어떻게 기록할까?" 라는 주제로 이야기 나눠 보겠습니다.

소장님, 안녕하세요? 직접 뵙게 되어 반갑습니다. 어떻게 이렇게 다양한 주제로 글을 쓰고 강의를 하시는지, 참 대단하십니다. 저희도 지금 이 인터뷰들을 모아 책으로 낼 계획이라, 베스트셀러가 된 책들을 더 유심히 보게 되는데요. (웃음) 소장님 쓰신 역사책들 가운데 베스트셀러들이 많더군요.

심용환 베스트셀러까지는 아니고요. 역사 분야에서는 그럭저럭 책이 팔리는 정도입니다.

이재정　솔직히 '역사책'이라는 이름만 들어도 머리 아픈 독자들이 많은데요. 그 분야에서 대중적인 인기를 얻는다는 것은 참 대단한 일인 것 같아요.

전진한　저도 소장님의 『헌법의 상상력』 강의를 팟캐스트 방송으로 잘 들었습니다. 이렇게 뵈니까 참 좋네요.

이재정　저는 소장님 쓰신 『역사 전쟁』*을 재밌게 읽었습니다.

심용환　『역사 전쟁』은 책으로는 제 데뷔작입니다. 당시 '교학사 교과서'를 만든 사람들이 박근혜 정부가 추진한 한국사 국정교과서를 만든 사람들이어서, 이 문제점을 부각하려고 준비한 책입니다. 국정교과서 사태가 터지면서 좀 알려지게 되었지요.

전진한　그때 고초를 당하셨지요? 잘나가던 학원 선생님이셨는데, 그때 이후 학원가에서 일을 하지 못하고 계신 것으로 압니다만.

심용환　예, 그렇습니다. 하하하.

이재정　그 뒤로 프리랜서 작가가 되신 거네요.

---

* 심용환, 『역사 전쟁 ― 권력은 왜 역사를 장악하려 하는가?』, 생각정원, 2015. 정부는 기존 교과서가 내용적으로 편향되었기 때문에 '올바른' 교과서를 만들겠다는 이유로 한국사 교과서를 국정화하겠다고 발표했다. 『역사 전쟁』은 '뜨거운 감자'인 한국사 핵심 이슈와 교과서 국정화의 문제점을 주요하게 담은 책이다.

심용환 그렇습니다.

전진한 저랑 처지가 비슷하시더라고요. 하하하.

이재정 방송계에서 아나운서들도 한창 물오를 때 프리랜서의 길을 걷잖아요.

전진한, 심용환 하하하.

— 명성황후 vs 최순실

이재정 본론으로 들어가 보죠. 이번에 박근혜·최순실 사태를 보면서 많은 사람들이 명성황후[**]를 떠올렸다고 들었습니다. 명성황후라는 인물이 많이 미화되었지만 온갖 비리와 사치의 대가이기도 하잖아요. 최순실 사태를 보면서 명성황후를 연상하는 것에 대해 역사학자로서 어떻게 생각하시는지요?

심용환 처음 최순실 사태가 터졌을 때에는 명성황후보다는 그녀 옆에 있었던 진령군이라는 무당이 화제가 되었죠. 최순실이 언론에 등

[**] 조선 제25대 국왕인 고종의 비. 구한말 외세와의 대립 속에서 흥선대원군과 경쟁하며 정치적 입지를 확장했다. 개국 정책으로 일본과 수호조약을 체결했고, 임오군란과 갑신정변 때에는 청군의 개입으로 정권을 잡았다. 1895년 을미사변으로 일본 낭인들에 의해 살해되었다. ('다음백과' 참고)

장했을 때, 캐릭터가 너무 유사해서 화제가 되었어요. 진령군에 관한 책도 나오고 그랬지요.* 명성황후가 임오군란 당시 쫓겨난 상태에서, 귀환할 수 있는 날을 미리 가르쳐주기도 했다는데요. 여자 무당인데 '군'이라는 칭호까지 붙여주었다는 것은 매우 독특한 케이스입니다. 심지어 명성황후를 '언니'라고 불렀다고 하죠.

이재정 '언니'라니…… 섬뜩해지네요. 정말 비슷하군요.

심용환 그런데 사실 최순실의 문제는 '비선실세'라는 점이지요. 법적으로 정당하게 권한을 위임받지 않은 사람이 사실상 대통령 역할을 수행했다는 게 문제의 핵심 아닙니까? 과거로 돌아가서 이야기하자면, 진령군 이전에 사실 명성황후 자체가 문제였어요. 진령군이라는 존재가 하도 특이하니까 자주 이야기가 나오는데, 상대적으로 명성황후가 권력을 전횡한 것은 별로 문제 삼지 않는 것 같습니다. 그런데 조금 냉정하게 생각하면, 명성황후는 내명부의 여인이에요. 다시 말해 왕의 비(妃)인 거지, 어떤 공직에 있는 사람이 아니었습니다. 그런데 명성황후는 왕을 배후에서 조종하거나 국정의 모든 인사를 좌지우지하거나, 막강한 영향력을 행사하면서 시아버지랑 암투를 벌였습니다. 사실 이것은 그 자체로 불법인 거죠. 조선의 『경국대전』에서 규정하지 않은 일탈적 권력행위입니다. 그러니까 진령군은 하나의 특이한 에피소드인 거고, 본질적인 문제는 명성황후 자체가 최순실처럼 '비선실세' 역할을 한 것이라고 봐야 합니다.

* 배상열, 『조선을 홀린 무당 진령군』, 추수밭, 2017.

이재정 비유하자면, 명성황후가 최순실이고, 진령군은 일종의 하도급 관계인 거네요.

심용환 그렇죠. 실상은 그런데, 명성황후는 뮤지컬 작품 등을 통해서 너무 많이 미화되어 있지요.

전진한 "내가 조선의 국모다", 이런 미화된 이미지 때문에, 마치 그가 일본에 맞서 싸운 존재인 것처럼 여겨지는 것 같습니다.

심용환 비유하자면, 교장선생님이 학교 운영을 하는 것과 교장선생님 사모님이 학교 업무에 개입하는 것은 전혀 다른 문제죠. 물론 조선 시대 이야기입니다만, 당시 내명부의 여인은 남편을 잘 보필하고, 후궁들 관리를 잘하면서 궁궐 여인네들의 정치참여를 막는 것이 주요 역할이었죠.

이재정 당시 시스템이 그렇다는 거죠.

심용환 그렇습니다. 과거시험을 통해 합격한 사람도 아니고, 이씨 왕조의 정통도 아니기 때문에, 정치에 간섭할 권리가 없었죠. 수렴청정**이나 대리청정***한 것도 아니었기 때문에, 당시의 기준으로 보더라도 명성황후에게는 아무런 권한이 없었어요.

전진한 명성황후는 '유사 역사학자'들이 미화를 많이 했잖아요. 뮤지컬이 흥행하면서 더욱 심각해졌는데, 지금 박근혜 전 대통령 좋아

"최순실의 문제는 '비선실세'라는 점이지요. 과거로 돌아가서 이야기하자면, 진령군 이전에 사실 명성황후 자체가 문제였어요. 진령군이라는 존재가 하도 특이하니까 자주 이야기가 나오는데, 상대적으로 명성황후가 권력을 전횡한 것은 별로 문제 삼지 않는 것 같습니다. 조선의 『경국대전』에서 규정하지 않은 일탈적 권력행위입니다. 본질적인 문제는 명성황후 자체가 최순실처럼 '비선실세' 역할을 한 것이라고 봐야 합니다."

하는 사람들 보면 마치 명성황후 시대를 사는 사람들처럼 느껴져요.

심용환 정치인을 좋아하는 것이 아니라, 숭배하고 있다는 느낌이 들지요.

전진한 맞습니다. 뮤지컬 작품 속에서, 명성황후가 일본 자객들 손에 죽음으로써 더욱 희생자로 부각되잖아요. 이런 극적인 장면들이 일종의 프로파간다로 이용되기도 하는데요. 지금 파면된 박근혜 전 대통령에 대한 지지자들의 감정이 바로 이렇게 미화되고 희생자로 그려진 명성황후에 대한 것과 비슷한 것 아닌가 싶습니다.

심용환 사람들이 기억하고 싶은 것만 기억하는 것이 문제의 핵심 아닐까요? 명성황후의 경우, 한 사람의 인격체가 구한말이라는 혼란스러운 상황에서 다양한 모습을 보여 주었을 거라고 생각합니다. 역사가들은 사실을 객관적이고 냉정하게 따지면서 평가해야 하는데요. 일반인들은 대부분 선택적인 기억을 하죠.

그런데 어떻게 기억하든, 명성황후가 외척을 끌어들여 국정농단을 자행했다는 죄목만큼은 아무도 부정할 수 없는 사실입니다. 보통 명성황후는 홍선대원군과 대비해서 평가들을 하잖아요. 홍선대원군의 한계는 쇄국정책이었습니다. 한마디로, 당시 국제적인 흐름을 못 본

** 어린 임금이 즉위했을 때 왕대비나 대왕대비가 그를 도와 국사를 돌보는 일을 이르던 말. 왕대비가 신하를 접견할 때 그 앞에 발을 늘인 데서 유래한다.

*** 왕이 병이 들거나 나이가 들어 정사를 제대로 돌볼 수 없게 되었을 때, 왕세자가 왕을 대신하여 정치를 하는 일을 이르던 말.

거죠. 그에 비해 명성황후의 장점은 당시 세계 흐름을 잘 읽고 개화정책을 주장했다는 것입니다. 흥선대원군보다 정치적으로 진일보한 측면은 분명히 있었어요. 하지만 문제는 그렇게 개화정책을 잘 펴나가기 위해서라도 건강한 사회구조를 만들어 나가야 하는데, 명성황후 주위에 민씨들이 대거 등장하면서 너무 많은 비리를 저질렀다는 것이 돌이킬 수 없는 파국을 초래한 것 같습니다.

전진한 박근혜의 문제도 주변에 너무 많은 비리가 있었다는 거죠.

심용환 그렇지요. 명성황후도 민씨들을 등용하면서 매관매직을 해요. 심지어 병조판서, 요즘으로 말하면 국방부 장관 자리까지 매관매직 하거든요. 매관매직을 할 때도 병조판서 같은 중요한 자리는 막 가격을 올려요. 원래 1만 냥 정도에 매관 되던 것을 3만 냥까지 올리기도 했어요. 그래도 자리가 다 팔립니다. 요즘 말로 하자면, 그야말로 심각한 적폐가 된 거죠. 당시 매관매직이 어마어마하게 일어나면서, 사회 전체가 급속도로 부정부패로 흘러가고 기강이 완전히 무너지게 됩니다.

이재정 소장님 말씀 들어보니, 명성황후는 정말 심각하게 왜곡되고 미화된 것 같습니다.

심용환 우리 사회가 역사책을 보지 않아요. 그냥 SNS에서 카드뉴스 보는 정도로 정보를 얻고는 판단해 버립니다. 그러다 보니, 논쟁이 벌어져도 내용은 없고 감정적인 충돌만 난무하잖아요. 그런 분위기에서 우리 사회가 계속 과거 역사 속 '스타'를 만들어 내요. 그 대표적인 케이스가 명성황후이고요. 그와 유사한 케이스가 덕혜옹주입니다.

전진한 그렇군요. 덕혜옹주 이야기는 영화로도 나왔는데, 내용이 정확하지 않다는 논란이 많았던 것으로 압니다.

심용환 명성황후는 물론 지금의 관점에서 동정적인 측면도 있고, 그가 나름 노력한 부분도 없지 않다고 할 수 있어요. 다만 전체적으로 평가했을 때 긍정적이냐 부정적이냐 판단한다면, 그럼에도 불구하고 비판해야 할 점이 더 많지 않느냐, 이런 평가가 중요한데요. 덕혜옹주는 그 평가가 심각하게 과장되었던 게 문제였죠. 사실 덕혜옹주의 등장은 완벽한 판타지거든요. 그녀는 식민지 체제에 순응했고, 정략결혼으로 일본에 넘어가긴 했지만 당시 조선 민중들이 겪었던 삶에 비하면 정말 풍요로운 일생을 살았습니다. 일각에서 일본인 남편이 괴롭혔다는 얘기가 있는데요. 그 대목도 사실을 검토해 보면 그 남편은 젠틀하고 착한 사람이었던 것 같습니다.

영화에 보면 "나는 조선의 옹주다" 하면서 학교사업을 한다든지, 망명을 준비한다든지, 독립운동에 가담했다는 식의 이야기가 나오는데요. 100퍼센트 거짓말입니다. 역사적 사실은 모두 탈색되고 아주 몽환적으로 그려 놓았어요. 만약 이런 식으로 역사를 왜곡해 가면서 '스타'를 만들어 내다가는, 20~30년 후에 뛰어난 극작가나 소설가가 박근혜를 완전히 다른 인물로 미화할 수도 있어요.

이재정 인위적으로 왜곡하고 미화한 역사평가가 영화나 대중매체 등을 통해 쉽게 대중화될 수 있는 것은, 결국 우리 사회 시민들에게 기본적 소양이나 역사인식이 부족하기 때문이라고 할 수 있겠지요. 만약 사회 전체가 좋은 소양 위에서 올바른 역사인식을 공유하고 있다면, 오히려 픽션이 몰입감을 떨어뜨렸을 텐데요.

심용환 물론 역사적 사실이 작가의 자유로운 상상력을 막으면 안 되겠지요. 하지만 기본적 소양이 붕괴된 상태, 즉 건전한 역사교육이나 역사적 토론이 없는 상황에서 작가적 상상력이 하나의 사실이 되고, 그것이 과거 인물에 대한 동정심을 유발해서 나중에는 정치적 힘이 되어버릴 수가 있다는 것은 매우 경계해야 할 문제입니다.

일본의 모습을 보면 이런 인위적인 역사 왜곡이 정치에 미치는 영향을 잘 알 수 있습니다. 가령 1990년대 초반 자민당 과반 의석이 붕괴되고, 호소카와 총리와 무라야마 총리가 등장하면서 일본군 '위안부'의 존재를 모두 인정했거든요. 그런데 지금 아베 총리를 보세요. 완전 반동이 되어 버렸습니다. 이렇게 된 과정에는 일본 내부의 역사 왜곡이 매우 큰 영향을 미쳤다는 것을 우리가 잘 알고 있지 않습니까?

전 이렇게 봅니다. 스마트폰이 대중화된 이후에, 우리 사회가 공적 소양의 붕괴를 경험하고 있습니다. 지금 우리 세대는, 입시제도라는 장벽은 그대로 있는 상태에서, 뉴미디어를 통해 본인이 보고 싶은 것만 보고 있어요. 쉽게 말해 정보를 취사선택하는 거죠. 그러면서 반드시 필요한 사회적 교양이 붕괴되고 있습니다. 앞으로 광범위한 교양의 붕괴 속에서 살아가는 사람들이 40~50대가 되면, 이미지 정치가 더욱 판을 칠 겁니다.

이재정 교육이 중요하다는 말씀이지요?

심용환 어느 시대보다 공교육이 중요해진 시대입니다. 왜냐하면 공교육 말고는 공적 소양을 길러낼 수 있는 시스템이 없기 때문입니다. 그래서 이어지는 얘기지만, 국가기록관리가 매우 중요하다고 생각합니다. 기록이 잘 관리되고, 그것을 통해 올바른 해석이 나오고, 해석을 통해서 정확한 역사를 가르칠 수 있으니까요. 이런 시스템에 사회적으로 더 많은 투자를 해야 합니다.

이재정 아, "기록관리에 투자하자", 참 좋은 말씀이네요. 저도 국회의원으로서 이런 점에 더욱 노력해야 할 것 같습니다.

— 태블릿 PC와 조선시대의 사관제도

전진한 주제를 좀 바꿔보죠. 2016년 10월, JTBC에서 최순실이 대통령 연설문을 관리했다는 보도가 터져 나왔는데요. 소위 태블릿 PC 사태죠. 당시 국민들이 경악했고, 국정농단 사건의 실체가 드러나기 시작했습니다. 저는 이 사건을 보면서 역설적이게도 조선의 사관*제도를 생각했어요. 역사가들 중에서는 조선왕조가 500년을 유지할 수 있었던 힘 중 하나가 사관제도라고 주장하는 분들도 있습니다.

심용환 그렇습니다.

전진한　쉽게 말해 왕권을 견제하기 위해 만들어진 것인데, 이런 제도를 합의했었던 당시의 정신은 무엇인지 알고 싶습니다.

심용환　동양의 문화라고 할 수 있습니다. 좀 더 냉정히 이야기하면 중국의 문화죠. 우리가 약 2천 년간 당시 최고의 문명이었던 중국 문화의 영향을 많이 받았습니다. 사마천의 『사기』[**]라는 책이 한나라 때 씌어졌어요. 그리고 그전에도 공자의 어록을 제자들이 엮어서 『논어』로 남기기도 했죠. 송나라 때에는 사마광의 『자치통감』[***]이라는 책이 나옵니다. 분량이 어마어마합니다. 이런 것에 우리가 영향을 받으면서 기록문화가 중요하다는 것을 인식하게 된 거죠.

　예를 들어 '상고'라는 말이 있어요. 옛것을 다시 생각해본다는 뜻입니다. 과거 훌륭한 왕들이 이루었던 모범 사례에 비추어 지금의 상황을 보고 판단하는 문화가 있었던 것이지요. 유학자들의 역사관이기도 했고요.

　기록문화는 유교문화와도 밀접한 관련이 있어요. 유교문화 자체가

---

[*] 고려·조선시대 역사의 초고(草稿)를 작성하던 관리. 사관제는 고려·조선시대를 통하여 국왕의 언동, 시정의 득실, 인물의 현·불초 및 비밀에 관한 사실 등을 견문한 바대로 직필하여 후세에 권계(勸戒)하기 위한 것이었던 만큼, 간헐적으로 사관에 대한 강압과 정쟁 등에서 직필·공정성이 결여되기도 하였으나, 국왕·집권관료의 전자(專恣)·비리를 은연중에 견제하여 유교가 표방한 덕치구현에 기여하였다. (『한국민족문화대백과』 참고)

[**] 중국 전한(前漢)의 사마천(司馬遷)이 상고시대의 오제(五帝)~한나라 무제 태초년간(BC 104~101년)의 중국과 그 주변 민족의 역사를 포괄하여 저술한 통사. (『두산백과』 참고)

[***] 중국 북송(北宋)의 사마광(司馬光)이 1065~1084년에 편찬한 편년체(編年體) 역사서. 294권. 『통감(通鑑)』이라고도 한다. 주(周)나라 위열왕(威烈王)이 진(晉)나라 3경(卿)(韓氏·魏氏·趙氏)을 제후로 인정한 BC 403년부터 5대(五代) 후주(後周)의 세종(世宗) 때인 960년에 이르기까지 1,362년간의 역사를 1년씩 묶어서 편찬한 것이다. (『두산백과』 참고)

온고지신*이잖아요. 『조선왕조실록』을 보면 세종대왕이 많이 했던 말 중의 하나가 '상고'하자는 거예요. 쉽게 말해 옛 기록에는 뭐라고 나왔는지 비교해 보자는 얘기죠. 왕실 도서관을 뒤지기도 했고, 중국 제도를 연구하기도 했습니다. 그런데 상고를 하려면 옛 기록이 있어야 되는 거죠. 이게 핵심입니다.

그러면서 사관제도가 발달한 거죠. 조선왕조가 가지고 있었던 가장 강력한 힘이 사관제도인 건 맞는 거 같아요. 사관이라는 게 사실은 청요직입니다. 조선왕조에서는 과거시험에서 높은 성적으로 합격한 사람들이 가장 선망하는 직업이 청요직이라는 직책인데요. 주로 간언하고 상소 쓰고 사관이 되고 이런 것들이에요. 이런 직업을 명예로운 직업이라고 생각했죠. 이 직업에는 선비정신이 있었어요. 쉽게 말해 군주에 대한 충성이 아니라 하늘에 대한 충성이다, 이런 문화가 기록문화와 사관제도를 발전시킨 게 아닌가 합니다.

이재정 왕에 대한 후세의 평가도, 그가 기록문화를 대하는 태도에 달려 있었다고 들었습니다.

심용환 지금 보세요. 조선에서 가장 칭송받는 왕이 세종이고, 그 반대는 연산군입니다. 세종대왕이 칭송받는 이유가 여러 가지이지만, 그중 하나가 실록 제작 운영의 원칙을 잘 지켰다는 거예요. 실록이라는 것이, 편찬할 당시의 왕은 볼 수가 없고 다음 왕이나 볼 수 있는 것이었습니다. 물론 세종도 실록을 보고 싶어 했지만, 신하들의 반대 등을 수

* 옛것을 익히고 그것을 통하여 새것을 앎.

용한 끝에 결국 보지 않았어요. 그런데 연산군은 결국 실록을 보고 사화를 일으켰습니다. 조선시대 사람들 입장에서 봤을 때, 과거기록을 열람한 자와 열람하지 않은 자에 대한 평가가 완전히 나뉘는 거죠.

전진한   이 무오사화 때문에 연산군이 아주 좋지 않은 평가를 받게 된 것이죠. 그런데 오늘날, 비슷한 사건이 세상에 알려지고 있습니다. 남재준 전 국정원장이 2차 남북정상회담록을 공개했잖아요. 1급 비밀**로 관리되는 것을 공개했습니다. 당시 기록학회에서는 '제2의 무오사화'라고 성명서를 냈어요. 무오사화와 남북정상회담록을 무단공개한 것과 어떤 유사점이 있는지 말씀해 주세요.

심용환   무오사화를 간략하게 설명하면 이런 이야기입니다. 연산군 때인데, 김일손이라는 사관이 자신의 스승이었던 김종직의 「조의제문」***이라는 글을 사초로 가지고 있었어요. 실록을 편찬하기 위해서 갖고 있었는데, 그걸 이극돈****이라는 사람이 본 거예요. 요즘 같으면 남재준 같은 사람이죠. 「조의제문」은 권력의 정통성을 문제 삼는 애

** (보안업무규정) 누설될 경우 대한민국과 외교관계가 단절되고 전쟁을 일으키며, 국가의 방위계획·정보활동 및 국가방위에 반드시 필요한 과학과 기술의 개발을 위태롭게 하는 등의 우려가 있는 비밀.

*** 조선 전기의 학자 김종직이 수양대군(세조)의 왕위 찬탈을 비난한 글. 김종직은 항우(項羽)에게 죽은 초나라 회왕(懷王), 즉 의제(義帝)를 조상하는 글을 지었는데, 이것은 세조에게 죽임을 당한 단종을 의제에 비유한 것으로, 세조의 찬탈을 은근히 비난한 글이다. (『두산백과』 참고)

**** 조선 중기의 문신. 1498년(연산군 4), 『성종실록』을 편찬할 때 실록청 당상관으로서 사초를 정리하다가 김종직의 제자 김일손의 사초에서 김종직의 「조의제문(弔義帝文)」과 훈구파의 비위 사실이 기록된 것을 발견하고서, 유자광과 함께 「조의제문」이 세조의 찬탈을 비난한 것이라고 연산군을 충동해 무오사화의 빌미를 일부 제공하였다. (『한국민족문화대백과』 참고)

기거든요.

당시 이극돈 등이 훈구파*의 권력을 유지하기 위해, 이걸 문제 삼으면 분명히 연산군이 반응할 것이라고 판단했습니다. 연산군은 이들이 역심을 품었다고 생각한 거죠. 그 후 사림파를 대거 숙청했고, 신하들의 언로를 막아버렸습니다. 결론적으로 조선 중기의 아주 건강했던 정치문화, 즉 신하들이 기록을 정확하게 보존하고 국왕 앞에서 기탄없이 이야기하던 문화를 막아버린 사건입니다.

남북정상회담록 공개는 완전히 똑같다고는 할 수 없지만, 일견 유사한 측면이 있는 거 같아요. 왜냐하면 남재준 전 국정원장이 완전히 월권과 불법으로 자료를 유출한 거잖아요. 이 문건을 2012년 대선에 이용했고, 국정원이 댓글 사태로 위기에 빠졌을 때에 또 공개했죠. 기록문화를 완전히 짓밟은 겁니다.

전진한　선거 때 유출하고, 2013년 댓글사태 때 공식적으로 유출하고, 두 번 유출했죠.

이재정　어쩌면 조선시대와 지금 상황이 이렇게 비슷할까요? 옛날 역사 이야기이지만, 마치 지금 우리 정치 이야기를 하는 것 같은 느낌이었습니다.

전진한　실제로 무오사화 이후에 실록이 아주 부실해졌다고 하더군

* 훈구파(勳舊派)는 조선 전기 세조의 집권과 즉위 과정에서 찬위(篡位 : 임금의 자리를 빼앗음)를 도와 공신이 되면서 정치적 실권을 장악한 이후 형성된 집권 정치세력. (『한국민족문화대백과』 참고)

요. 다들 정확하게 기록하는 것을 무서워하게 되었겠지요. 자신이 기록한 것 때문에 나중에 어떤 화를 당할지 모르니까.

이재정 김대중 정부 이후 기록물 관련법들이 제정되고, 노무현 대통령 이후에는 기록문화에 새로운 전환기를 맞았잖아요. 하지만 지난 10년 동안 기록문화가 철저히 망가진 것 같습니다.

심용환 그런데 중요한 것은 조선시대 기록은 볼륨이 다르다는 것입니다. 기록문화가 워낙 강력했던 사회였기 때문에, 연구할 게 엄청나게 많아요. 예를 들면『광해군일기』도 후대에 왕이 바뀔 때마다 재편수됩니다. 그래도 당시의 중요한 맥락은 다 파악할 수 있어요. 그만큼 양이 방대하니까요. 다른 예를 들어보면, 정도전이 억울하게 이방원에게 죽었다는 것을 후세 사람들이 다 알잖아요. 그런데 정작 실록을 보면 '정도전의 난'이라고 되어 있어요. 이방원이 왕이 되었기 때문에 '정도전의 난'이 된 거죠. 그래도 워낙 방대한 기록이 있으니까, 이 기록들의 앞뒤를 맞추어보면 진실의 맥락을 파악하는 것이 충분히 가능합니다.

─ 기록이 없으면 기억도 없다

전진한 박근혜 대통령이 1,100만 건의 기록을 생산해 대통령기록관으로 이관했다고 자랑했습니다. 그런데 나중에 알고 보니 그중 490만 건이 식수관리(식당 메뉴표) 같은 기록이었어요. 한심하죠.

"박근혜 대통령이 1,100만 건의 기록을 생산해
대통령기록관으로 이관했다고 자랑했습니다.
그런데 나중에 알고 보니 그중 490만 건이
식수관리 같은 기록이었어요. 한심하죠."

© 장영식

심용환 와, 숫자만 불린 거군요!

전진한 그 다음 100만 건은 출입국 기록을 그냥 넣어둔 거죠. 공식적인 기록은 한마디로 다 쓰레기 같은 것들입니다. 그런데 엉뚱하게도 청와대 캐비닛에서 중요한 기록이 쏟아져 나온 거죠. 어디에 있는지 파악하지 못했던 기록들이잖아요. 이재정 의원이 얼마 전에 대통령기록관에 가서 그 기록들을 직접 필사해 왔습니다.

이재정 아마 박근혜 시절 청와대 사람들이 그런 게 있는 줄 알았다면 모조리 파쇄기에 넣었겠죠.

전진한 전혀 의도치 않게 기록을 남겨서, 박근혜 정부의 모든 실상을 보여주고 있습니다. 기록이라는 게 이렇게 오묘해요.

심용환 정말 황당하게 진실이 드러났네요.

전진한 저는 이게 매우 역사적인 사건이라고 생각합니다. 이재정 의원님은 직접 캐비닛 자료들 보시니 어떤 느낌이 들던가요?

이재정 아직 다 공개하지는 못하고 있는데요. 몇 가지 중요하다고 생각하는 것은 언론에 공개하고 기자회견도 했습니다. 야당에서는 '정치보복'이라고 하고 있죠. 그런데 충격적인 내용이 너무 많아요. 심지어 공개하면 입증하는 데 어려움이 있어서 차마 이야기하지 않고 있는 기록들도 있어요. 하지만 나중에라도 역사학자들이 연구할 만한 가치가 충분히 있는 것들입니다.

심용환　그럴 기회를 줘야 됩니다. 왜냐하면 기록을 유지하는 것도 중요하지만, 관리하는 것이 더 중요하니까요. 문제가 되었던 교학사 교과서 편찬 당시 일이 생각나네요. 교과서 초안이 PDF 파일로 나오면 검수 전에 먼저 공개를 해야 됩니다. 당시 이 교과서 편찬위원회는, 역사학계에서 단단히 벼르고 있으니까, 컴퓨터 2대로만 초안을 열람하게 했어요. 그것도 한 사람당 2시간만 열람이 가능하도록 했습니다. 어쩔 수 없이 교대로 들어가서 한장 한장 다 찍어 나오고 그랬어요. 참 서글픈 현실이었죠. 이 의원님이 청와대 캐비닛 자료들을 일일이 필사해야 했던 경우와 비슷한 거죠.

　오늘날『조선왕조실록』이 이렇게 많이 인용되는 것은, 학자들이 수십 년에 걸쳐 한글로 번역하고,『승정원일기』나『일성록』을 지금도 번역하면서 모두 공개하고 있기 때문에 가능한 일입니다. 이런 것이 모두 연구자료가 되고, 문화 컨텐츠의 힘이 되는 겁니다.

전진한　『승정원일기』같은 소중한 자료를, 정부에서 왜 대대적으로 번역하지 않는지 답답해요.

심용환　진행을 하고는 있는데, 워낙 예산이 적어서 쉽게 끝날 거 같지 않네요. 제가『단박에 한국사』현대편을 쓸 때 일이 기억나네요. 자료가 필요해서 이곳저곳 찾아봤는데 없는 거예요. 나중에 보니, 제가 찾는 자료가 제주 4·3재단에 있더군요. 이런 자료를 국가기록원 같은 데에서 좀더 빨리 구할 수 없다는 게 참 답답했습니다. 이처럼,

대통령기록물들도 앞으로 역사학자들이 연구자료로 잘 활용할 수 있도록 효율적으로 관리하는 것이 매우 중요하다고 봐요.

이재정 지금 기록원에 있는 캐비닛 자료도 사실 분류조차 제대로 되지 않은 미가공 자료라고 보면 돼요. 심지어 몇 개의 캐비닛 문건은 뭉쳐져 있기도 했어요. 기록물 관리가 체계적으로 안 되어 있다 보니까, 제목하고 내용의 매칭이 안 되는 경우도 많고요. 그래서 제목을 찍어서 꺼내 보는 방식으로 몇 개 중요 문서를 찾아낸 것들이 있어요. 어떤 자료는 제목은 그럴싸하지만 정작 아무 내용이 없는 경우도 있었고요. 제가 이틀을 오롯이 기록원에서 보냈지만, 어찌 보면 저는 방대한 캐비닛 기록의 10분의 1도 보지 못한 거고, 또 기록이라는 게 공개됐다고 해서, 그 지식이나 정보까지 공유되는 건 아니잖아요? 분석과 재가공이 필요하고 인식이 필요해요. 이게 재정비가 되지 않으면 연구 대상의 기록이 영구히 매장될 겁니다.

심용환 언론에 가끔 이런 이야기가 나오죠. 일본군 '위안부' 관련 자료를 찾다가, 몇 달이 걸려 무슨 자료를 한 건 찾았다. 이런 건 결코 좋은 이야기가 아닙니다. 사실은 관련 자료들이 체계적으로 분류되어 있어서, 그냥 클릭 몇 번 하면 누구든 원하는 문건을 찾을 수 있어야 하잖아요.

전진한 일본 공문서관에 가보면 일제강점기 때 작위를 받은 조선인들 명단을 다 보존하고 있습니다. 말하자면 공식적인 친일파들 명단인데요. 그걸 최초로 보도한 게 현재 「뉴스타파」의 김용진 대표입니다. 그분이 2004년 KBS 기자로 있을 때 그 문건을 확인하고 보도했어요. 그런데 우리나라에는 그런 기록이 하나도 없는 거죠. 부끄러운 얘깁니다.

심용환 제가 『헌법의 상상력』을 쓸 때 참고한 중요한 자료가 국회 속기록이었어요. 헌법을 제정하는 과정에서의 공식 기록이니까요. 그런데 중간 중간 기록이 비어 있어요. 특히 결정적 순간에 국회 속기록이 없는 경우도 있습니다. 안타까워요.

국회 속기록이 얼마나 중요한가 하는 것을 느낄 때가 있는데요. 가령 제헌헌법에 '이익균점권'이라는 조항이 있는데, 노동자에게도 기업 이익이 적절하게 분배될 수 있도록 하자는 거죠. 그 조항을 넣느냐 마느냐 토론하는 과정이 회의록에 그대로 담겨 있는데, 의원들끼리 언성을 높이고 다투는 과정이 적나라하게 기록되어 있습니다만, 당시 이런 쟁점을 두고 정치세력들 간에 어떻게 싸웠는지 큰 그림이 보이는 거죠.

이재정 지금도 국회의원들이 속기록을 진짜 무서워해요. 각종 상임위든 본회의든, 속기록에 남는 것을 두려워합니다. 그러다 보니 암묵적인 규칙이 있어요. 속기록에는 상대 당 의원의 이름을 언급하면 안 된다 하는. 이름을 언급하면 그것이 역사에 남으니까 신중해야 한다는 생각이죠. 그런데 이런 암묵적인 규칙을 따르게 되면, 우리는 역사적으로 기록을 제대로 남기지 못하잖아요. 아주 딜레마입니다.

심용환 맞아요. 그러다 보니 정황만 나오는 거예요. 대부분 속기록을 보면 상황만 나열되어 있지, 그때 누가 무엇을 했는지 디테일이 없는 거예요. 예전에 방송국에서 다큐멘터리도 찍었는데, 그 다큐 작가가 유신헌법 초안을 누가 만들었는지, 87년 헌법은 누가 만들었는지 등을 질문하는데, 구체적인 답을 할 수 없는 경우가 많았습니다.

전진한　과거 의원들이 국회에서 발언한 후에 속기록에서 삭제해 달라고 요청해요. 그럼 "속기록에서 삭제해 달라고 요청함"이라고 쓰고, 한 줄을 그어요. 그럼 원 내용은 다 보이죠. 그런 기록들을 본 적이 있는데, 재밌더군요. 이런 게 생생한 사료죠.

이재정　지금은 회의장에서 마이크가 켜지면 속기록 기록이 시작되기 때문에 정제된 언어를 써야 됩니다. 좋은 말로 세련되게 표현하자가 아니라, 직전까지 치열한 공방이 오갔던 쟁점과 논리가 사라지고, 명분만 그럴듯한 발언을 하는 거예요. 국회에서 설득과 토론의 과정이 리얼하게 기록으로 남겨져야 정치적 책임을 질 수 있잖아요. 예를 들어 18세로 선거연령을 낮추는 문제만 하더라도, 우리는 선거연령을 낮춰야 하는 이유에 대해 논리적으로 설명하는데, 상대방은 "아예, 향후에 다시 한 번 검토합시다", 이런 식인 거죠. 그 이상은 말을 안 하는 거예요. 너무 답답해요.

전진한　아, 그런 식이군요. 꽤 충격적입니다.

심용환　기록이 없으면 기억도 없습니다. 이게 중요한 문제거든요. 역사는 인간이 문명화되는 과정을 문자로 남겼다는 게 핵심입니다.

그걸 가지고 많은 학자들이 여러 가지 방법론으로 연구하는 겁니다.

전진한 제가 말레이시아 박물관을 방문해서 깜짝 놀랐던 게 있어요. 기록이 거의 없는 거예요. 전문가한테 물어봤더니, 말레이시아는 통일된 문자가 없었어요. 지금도 영어를 소리 나는 대로 써요. 예를 들면 택시를 'TEKSI'라고 표기해요. 그만큼 문자가 기록과 역사에 중요한 영향을 미친다는 것을 새삼 확인한 적이 있습니다.

심용환 왜 사극을 조선시대 중심으로 만들 수밖에 없는가 생각해 보면 됩니다. 『조선왕조실록』이라는 기록이 있으니까, 이야기를 다양하고 입체적으로 꾸밀 수 있는 겁니다. 고려 때 기록은 상당히 부실해요. 그러니 그 시대 이야기는 내용이 단촐해질 수밖에 없거나, 대부분 상상에 의존할 수밖에 없지요.

— 말할 자유까지 잃어버린 이명박·박근혜 시대

전진한 이제 헌법 이야기 좀 하시죠.

이재정 그래요. 역사학자이기도 하지만, 방금 말씀하신 것처럼 헌법에 대한 깊은 고민이 있으시잖아요. 지난 10년간 우리가 말할 자유를 잃어버렸어요. 이명박·박근혜 정권 거치면서, 본의 아니게 제가 신종 전문변호사가 되었습니다. '표현의 자유 전문변호사'라는. 이런 이름으로 연수원에 초청되어서 강의도 했었어요.

심용환 중세로 돌아간 거죠.

이재정 '표현의 자유' 중에서도 '언론의 자유'가 중요한데, 이명박·
박근혜 정부는 언론을 장악하면서 시작했어요. 미국 수정헌법 1조가
'표현의 자유'인데, 이것이 엄청난 투쟁을 거쳐 생겨났거든요. 우리
헌법 21조가 사실 그 역할을 하는 건데, 한동안 이런 조항이 헌법으로
서 기능을 하지 못했다는 생각이 듭니다.

전진한 심각했습니다. 저도 정부에 불편한 발언했다고 블랙리스트
로 찍혔어요.

심용환 해외 사례를 보면요. 영국은 절대권력을 견제하면서 입헌주
의 국가가 된 거고, 프랑스도 루이 16세를 처단하면서 공화국이 된 거
잖아요. 핵심은 뭐냐면, 근대 정치의 선진국에서 절대권력을 견제하
기 위해 썼던 수단이 법이라는 거예요. 그러니까 인간은 오류를 범할
수 있고 타락할 수 있기 때문에, 그 절대권력을 견제할 수 있는 유일
한 방법이 문서(법)를 만드는 거죠. 그래서 역사에 대헌장, 권리청원,
권리장전 같은 얘기가 나오는 겁니다. 조선도 왕조국가이긴 했지만
『경국대전』이라는 법을 만들었습니다. 미국도 마찬가지죠. 미국도
헌법을 만들어 놨는데, 시대가 바뀌고 새로운 상황이 발생하니까 그
상황을 수습하고 해결하기 위해서, 기존의 가치를 지키되 필요한 부
분을 고치자고 해서 수정헌법이 만들어진 겁니다. 그 과정에서 '표현
의 자유'라는 조항이 들어가게 된 거죠.

전진한 조선시대 사관제도는 지금으로 치면 언론이잖아요. 언론의 자유가 축소되면 그 피해는 고스란히 사회적 약자들에게 돌아갑니다. 제가 세월호진상규명위원회 증인으로 나간 적이 있어요. 증인으로 한번 나가거나, 세월호 문제에 대해서 문제제기를 하고 나면, 불안감이 엄습했어요. 실제로 이상한 일도 많이 있었고요.

이재정 근대 정치의 선진국들은 투쟁의 과정에서 법을 만들어 냈습니다. 달리 말해, 법은 경험을 통해서 응축시킨 결과물이었습니다. 그런데 우리는 일본이나 독일에서 근대적 법을 수입해 온 겁니다. 그러다 보니, 권력자 입맛에 따라 법을 지키지 않는 일이 자주 일어났습니다.

심용환 또 선진국들의 경우, 언론이 해방의 도구가 되기도 했죠. 이런 나라들은 과거 종교개혁 때에도 팸플릿을 펴내며 투쟁을 했어요. 이후 혁명기 때에는 신문을 많이 만들었고요.
우리는 언론을 통한 해방의 역사를 제대로 경험하지 못했습니다. 오히려 권력이 언론을 장악한 경우가 더 많았습니다. 이승만은 정치 깡패를 동원해 헌법을 유린했고, 박정희는 장준하 선생이 발간하던 『사상계』를 폐간시켜버리고 중앙정보부 같은 막강한 조직으로 사람들을 고문하면서 법을 마음대로 뜯어고쳤습니다. 전두환 때는 그 악명 높은 언론통폐합을 강행했고요. 그런 문화가 지금까지 이어져 온 겁니다.

전진한 심 소장님도 국정교과서 때문에 고초를 당하셨잖아요. 전 지금도 궁금한 게, 박근혜 정부는 왜 그렇게 국정교과서 추진에 몰두했을까 하는 겁니다.

이재정 제가 국가기록원에서 청와대 대통령비서실 수석보좌관 회의기록을 봤어요. 일주일에 세 번 정도 회의를 했는데, 단 하루도 빠지지 않고 등장한 항목이 바로 국정교과서 관련된 점검이에요. 참 집요했더군요.

심용환 원래 역사학이라는 것이 권력자의 자기 찬양을 위해서 시작된 학문입니다. 어떤 권위주의 정권이든 국정교과서 혹은 국정교과서에 준하는 행태가 반복돼요. 단적인 예가 일본이에요. 1980년대 초반에 검인정 교과서를 만들어요. 우리나라도 이명박 대통령 때 교과서 수정 명령이라는 검인정 파동으로 시작을 했지요. 일본 극우파들이 '위안부' 문제나 2차 세계대전 책임을 덮으려고 했는데, 이때 중국 정부가 격렬하게 항의했습니다. 당시 일본 입장에서는 중국이 큰 시장이었기 때문에 검인정 시도를 접을 수밖에 없었어요.

이게 우리나라에서 반복된 거예요. 이명박 정권이 교과서 내용을 수정하라고 하니까 저자들이 받아들이지 않았습니다. 그럼에도 불구하고 저자들 동의 없이 교과서를 수정했어요. 박근혜 정부는 이것도 귀찮으니까, 아예 국정교과서를 만들려고 했습니다. 국정교과서는 저작권이 교육부에 있거든요.

전진한 저는 국정교과서를 추진하면서 집필자를 공개하지 않는 것이 충격이었습니다. 심지어 그 책을 쓴 사람들도 이것이 역사에서 오점으로 남을 거라는 걸 알고 있었을 텐데요.

이재정 스스로도 부끄러워했을까요? 확신범들 아닌가요?

심용환 그 사람들은 상당한 혜택을 누렸죠. 한국형 보수의 특징은 봉사하고 헌신하는 척하면서 실제로 자신들의 몫을 다 챙긴다는 겁니다. 그러니까 국토개발 사업하면서 자기들이 땅부자가 되는 구조죠.

박정희 시대에도 국정교과서를 만들었잖아요. 그런데 이번에 김정배 국사편찬위원장은 박정희 시대에는 국정교과서를 거부했던 사람이거든요. 그 사람이 지금 국사편찬위원장이 되어서 국정교과서를 이끄는 선봉장이 되었습니다. 기가 막히는 현실입니다. 심지어 그때는 국정교과서를 누가 썼는지 다 알고 있었고, 그걸 공개적인 과정으로 진행했습니다. 당시 30~40대였던 소장학자들이 70대가 넘어서는 국정교과서를 이끄는 선봉장 역할을 한 겁니다. 이런 사람들이 온갖 자리를 다 차지하고 '갑질'을 한 거죠.

이재정 이름을 공개하지 않는다? 기록을 두려워하는 것하고 똑같은 거 아닌가요?

심용환 국정교과서 실무를 담당했던 사람들은 대부분 비공개였습니다. 나중에 알고 보니 저랑 대학동창도 있더군요.

© 장영식

전진한 끝으로, 한일 '위안부' 협상에 대해 얘기하고 싶은데요. 민변이 관련 문건을 정보공개청구 했는데 대통령지정기록물로 지정돼서 15년 동안 봉인되었습니다. 이 과정을 어떻게 보셨습니까? 1965년 한일청구권협상하고 거의 비슷해 보이기도 합니다.

이재정 제가 당대변인 할 때 관련 발언을 많이 했어요. 피해자의 의사가 반영되지 않은 합의, 피해자가 소외된 합의, 사실 있을 수 없는 합의였죠. 정말 충격이었습니다.

심용환 1965년의 한일협정은 좀 다른 측면이 있어요. 당시에는 굴욕 협상이 문제였어요. 일본 패망 당시 우리나라가 전승국의 범위에 들어가지 못했고, 그냥 식민지였기 때문에 국제법적으로 우리가 일본에 피해보상을 요구하지 못했던 것입니다. 박정희는 그것을 근거로 한일협정을 진행했던 것이죠.

그러니까 쉽게 말하면 이번 한일 '위안부' 협상은 당시 아버지 때만도 못한 협상이었어요. 아버지가 했던 거보다 훨씬 더 비전략적이고 비맥락적인 협상이었습니다.

이재정 예, 아버지인 박정희 때보다도 못한 협상이었다고 하니, "그 아버지에 그 딸"이라는 비판도 꼭 맞는 말은 아니라는 생각이 드네요. 이제 대담을 마무리해야 할 시간인데요. 마지막으로 한마디 해주시죠.

심용환 전 독일 생각을 해봤으면 좋겠습니다. 홀로코스트 연구로 천 페이지 넘는 책이 번역된 걸 본 적이 있어요. 독일 사회에선 히틀러 시대 때의 인권유린을 두고 어마어마한 양의 연구가 진행되었다는 얘기가 되죠. 그런데 실제로 인권유린으로 따지면 동아시아 3국(한중일) 중에서 대한민국도 엄청납니다. 그럼에도 불구하고 기록이 없어요. 연구도 부족하고요. 우리가 광주민주화운동에 대해 쉽게 얘기하지만, 정작 서점에 가보면 관련된 책이 별로 없어요. 답답한 현실이죠. 정말 기록이 중요하다는 것을 절실하게 느낍니다. 향후 사회적으로 기록문화를 위한 시스템에 더 많은 투자가 이루어져야 한다고 생각합니다.

이재정 　오늘 유익한 말씀 많이 들었습니다. 두 분 다 고생하셨습니다. 마치겠습니다.

심용환, 전진한 　감사합니다.

기록관리
전문가의
양심

+ 조영삼

+ 조영삼

서울기록원 원장. 우리나라 최초의 기록물관리 전문요원. 2000년 국회기록보존소 근무를 시작으로, 참여정부 시절에는 대통령비서실 기록관리직 전문요원을 맡아 대통령기록물법 제정 작업에 참여했다. 이후 교육과학기술부 기록물관리 전문요원, 서울시 정보공개정책과 과장 등을 역임하며 공공기록 관리 혁신에 앞장섰다. 그러나 이명박·박근혜 정부는 그를 기록학계 '블랙리스트 1호'로 지정하기도 했다.

― 국회의원 기록관리가 필요하다

이재정 안녕하세요? 오늘은 조영삼 서울기록원장님을 초대해서 말씀 듣겠습니다. 지난 1월 15일 서울기록원장으로 임명되셨어요. 먼저 축하드립니다.

조영삼 예, 고맙습니다.

이재정 중책을 맡으셨는데요. 서울기록원에 대한 이야기는 조금 있다 듣기로 하고요. 특이한 경력을 가지고 계시네요. 얼마 전까지 서울시 정보공개정책과장을 맡고 계셨지요? 흔히 생각하기에 공공기관은 정보공개청구나 의원들의 자료제출 요구를 귀찮아 하고 싫어할 거 같은데, 그 일을 책임지고 계셨어요. 공공기관에서 '정보공개정책과'라는 이름으로 조직을 신설하고 전문적인 담당자를 둔 경우는 서울특별시가 처음이죠?

조영삼 예, 그렇습니다.

이재정 또 원장님은 우리나라 최초의 '기록물관리 전문요원'이라고 들었는데요.

조영삼 공공기록물법을 제정한 게 1999년입니다. 그 법에서 정한 자격*을 갖추고 공공기관에 진입한 최초의 사람은 맞습니다. 2000년도부터 국회기록보존소에서 일했습니다. 당시 국회가 가장 빨리 '기록연구사'라고 하는 기록연구 직렬을 만들어서 공무원으로 임용했습니다. 제가 혜택을 입은 셈이죠.

전진한 제가 2002년에 조영삼 원장님을 처음 만났는데, 그때까지도 공공기관에 기록물관리 전문요원으로 임용된 사람은 조영삼 원장님 외에 아무도 없었습니다.

이재정 그러면 국회가 최초로 기록물관리 전문요원을 채용한 셈인데요. 그것에 비춰 볼 때, 지금 국회의 기록관리 발전 수준은 어느 정도라고 보시는지요?

* 기록물관리 전문요원 자격
1. 기록관리학 석사학위 이상을 취득한 자
2. 다음 각 목의 어느 하나에 해당하는 사람으로서 행정안전부령으로 정하는 기록관리학 교육과정을 이수하고, 행정안전부장관이 시행하는 기록물관리 전문요원 시험에 합격한 사람
  가. 기록관리학 학사학위를 취득한 사람
  나. 역사학 또는 문헌정보학 학사학위 이상을 취득한 사람

조영삼　국회가 국회기록보존소라는 기관을 만들고 기록물관리 전문요원 채용을 시작하면서 기록관리 제도를 안착시키는 데 어느 정도 역할을 했다고 봐요. 그런데 그 후에는 참여정부에서 국가기록관리 혁신을 추진하면서 정부가 기록관리 이슈를 주도하다 보니, 상대적으로 국회는 발전하는 모습을 보여주지 못한 것 같습니다. 국회기록보존소는 의원 관련 기록을 체계적으로 관리 보존하고 관리 범주와 대상을 설정하는 것이 핵심인데, 이후 큰 진전이 없었습니다. 지금도 국회의원들의 기록물관리가 제대로 되지 않고 있습니다.

전진한　국회기록보존소가 스스로 위상이 높아지는 것을 부담스러워하는 것 같다는 생각이 들어요. 예를 들어 국회의원 기록을 강제로 수집 및 이관 받는 방안을 추진하자고 하면, 정작 국회기록보존소에서 적극적인 모습을 보여주지 않더군요.

조영삼　미국 의회의 경우에는 LC(Library of Congress)라고 미국 의회도서관이 우리나라 국회기록보존소와 같은 역할을 하고 있는 것으로 압니다. 미국 의회도서관은 의정에 대한 역사와 기록을 모두 축적하고 있습니다. 그런 면에서 우리나라 국회기록보존소가 아쉬운 점이 많습니다.

이재정　사실 국회의원 기록관리에 대해 매뉴얼을 만들고, 개별 의원한테 교육하는 게 필요하다고 봐요. 또한 시민사회에서 기록관리를 잘하고 있는 의원들의 사례는 칭찬해 주는 운동을 한번 해보면 어떨까 싶기도 하고요.

조영삼　그것도 필요할 것 같고요. 의원들의 가장 기본적인 의정 활동이 자료제출을 요구하는 것입니다. 그런데 공공기관 입장에서 의원들로부터 자료제출 요구를 받아보면, 매년 같은 자료를 요청하는 경우가 많습니다. 이런 낭비를 막으려면, 국회에 자료 및 데이터를 축적해서 2차, 3차 가공이 가능하도록 체계를 갖추는 것이 필요합니다. 이런 일이 국회기록보존소가 해야 할 역할이라고 생각해요.

전진한　제가 참여연대에 있을 때 인상적으로 본 것은, 2001년도에 제정된 부패방지법입니다. 참여연대에서 이 법을 만드는 과정을 백서로 만들어 잘 기록해 놓았어요. 예를 들면 누가 어떻게 법을 제안했다는 것도 나오고요. 토론회 사진 및 내용, 입법청원 과정, 집회 관련 기록 등이 잘 정리되어 있어요. 신입간사 때 참 인상적으로 봤습니다. 이처럼 이재정 의원께서도 본인이 만든 법안들에 대해서는 그 과정을 아카이빙 하는 것이 아주 중요하다고 생각해요. 그 자체가 매우 의미 있는 기록이잖아요. 나중에 돌아보면 개인적으로도 꽤 감동적일 것 같습니다.

이재정　그럴 거 같습니다. 법안제정 및 의정활동을 갈무리할 때, 단순히 대외적으로 홍보하는 방식이 아니라 진짜 기록이 될 수 있게 하고 싶네요. 이런 것이 더 중요한 홍보가 될 것 같기도 하고요.

조영삼　저는 뭐 의지의 문제라고 생각합니다. 방법이야 얼마든지 찾을 수 있겠지요. 방법론은 전문가만 구상하는 것은 아니지요. 이 분야에서 일하는 분들의 아이디어를 조금씩 모아보면 좋은 방법이 많을 거라고 봅니다.

─ 2002년 기록관리 운동 일어나

이재정 조 원장님과 전 소장님, 두 분 퍽 친해 보이시는데요. 어떤 인연으로 가까워지셨는지 궁금하네요.

전진한 물론 기록관리 운동을 하면서 처음 만났습니다. 2002년 참여연대 정보공개사업단*이 아주 큰 위기에 처해 있었어요. 해체해야 하는 거 아니냐 하는 고민까지 할 정도였으니까요. 정보공개사업단은 운동 방식이 단순했습니다. 정보공개청구를 하고 비공개 결정 받으면 소송하고, 이런 활동만 계속했어요. 그런데 힘든 것은, 정부에서는 소송까지 해도 기록이 없다고 해버립니다. 참 힘 빠지는 일이죠. 그러니 위기감을 갖지 않을 수 없었지요. 그때 조영삼 원장님을 만났습니다. 여러모로 많은 도움을 주셨지요.

그때부터 참여연대 정보공개사업단 차원에서 공공기록물법이 제대로 지켜지고 있는지, 기록은 왜 사라지는지 알아보기 시작했습니다. 그러면서 정부의 기록폐기 실태를 밝혀내기도 했습니다. 당시 공공기관에서 기록물 폐기했던 목록들을 정보공개청구로 받아서 분석했던 것이지요. 당시 조 원장님은 공무원 신분이었는데, 명지대 기록관리대학원 학생들하고 조 원장님, 그리고 제가 눈이 빠지게 자료를

* 참여연대는 1998년부터 정보공개사업단을 만들어 정보공개 및 기록관리 운동을 펼쳐왔다.

살펴봤습니다. 살펴본 문서의 양이 수천 쪽이었어요. 그리고 그런 조사결과를 발표하면서 조금씩 성과가 나오기 시작했습니다.

조영삼 2003년도에 기록폐기 현황에 대해 언론 보도가 나갔죠?

전진한 처음에 「미디어다음」 뉴스로 나갔고요. 그 뒤로 여러 매체에서 조금씩 다루다가, 결정적인 보도는 「세계일보」였습니다. 2004년 「세계일보」의 "기록이 없는 나라" 시리즈는 정말 대단했습니다.

조영삼 당시 저는 관련 사안들에 대해 간단하게 조언하는 정도였어요. 그 후 2004년도 가을부터 정부에서 국가기록관리혁신을 추진했습니다. 저는 그 다음 해에 국회 사직하고, 청와대로 들어갔습니다.

전진한 2002년부터 MSN 메신저를 이용해서 하루에 몇 시간씩 일 관련 이야기를 나눴습니다. 공공기록물법이라는 게 너무 어려워요. 변호사들도 잘 알지 못하는 법입니다. 제가 사업 준비를 하면서 조 원장님께 질문할 것이 너무 많았어요. 질문과 답변을 통해 사업 아이템을 잡고, 정보공개청구를 통해서 자료를 축적했죠. 그 결과로 「세계일보」 시리즈가 나갈 수 있었고요. 2004년도에 참여연대에서 전 사업 분야 가운데에서 아주 높은 평가를 받았던 기억이 납니다.

조영삼 그 애긴 처음 들었네요.

전진한 당시에는 사회적으로 큰 이슈가 되지 않아서 그 영향을 곧바로 실감하기는 어려웠습니다. 하지만 2004년 「세계일보」 보도 이후 공공기록물법을 전면 개정하고, 대통령기록물법을 제정하는 계기가 마련되었습니다. 이런 운동의 결과 2005년도에 기록물관리 전문요원 45명을 공채로 선발하게 되었어요. 정말 기뻤습니다.

— 대통령기록물법을 제정하다

이재정 대통령기록물법까지 만들어지게 되는 그 당시 상황을 듣고 싶어요.

조영삼 2004년 봄에, 당시 노무현 대통령이 탄핵되었잖아요. 탄핵되고, 노 대통령은 기록에 대해 깊은 고민을 했던 것 같습니다. 그 과정에서 '기록의 맥락'을 찾을 수 있는 시스템까지 고민했고요. 그것이 '이지원' 시스템으로 실현됩니다만. 아무튼 헌법재판소 판결 이후 청와대에 복귀하던 무렵, 「세계일보」에 "기록이 없는 나라" 시리즈가 보도된 거죠. 당시에 정부혁신지방분권위원회가 출범해서 활동하고 있었는데, 노 대통령 지시로 그 산하에 기록관리혁신 전문위원회가 발족합니다. 그때부터 본격적인 기록관리 운동이 시작된 거죠. 대통령기록물법 제정도 그때 시작된 거라고 봐야죠.

이재정 결국 노무현 대통령의 고민과 외부의 노력들이 조화를 이루어 결실을 맺은 거네요.

조영삼 그렇습니다.

전진한 노무현 대통령은 원래 기록에 관심이 많았던 것 같아요. 김 대중 정부까지만 하더라도 청와대에 기록관리 시스템이 없었어요. 심지어 예산도 제대로 편성되어 있지 않았습니다. 참여정부 초기에 비서관으로 청와대에 들어갔던 지인이 한 말을 잊을 수 없어요. 볼펜 하나를 사려고 해도 이 예산을 어디서 구해야 할지 모르겠다는 거예 요. 그전까지는, 요즘 문제가 되고 있는 특수활동비 형태로 쓴 거 같 더라고요. 예산도 이런데, 청와대 기록관리 시스템 같은 게 있었을 리 만무하죠. 이런 시스템을 바로잡은 것이 노무현 대통령이었다는 것 입니다.

조영삼 2004년쯤 노무현 대통령은 문서의 생산과 유통, 보고체계에 대해서 굉장히 관심이 많았습니다. 그래서 대통령 스스로 문서속성 카드, 문서관리카드를 개발하셨어요. 이것이 '이지원' 시스템의 시작 이 된 거죠. 이게 문서의 생산과 진행 및 결과의 경로를 그대로 남기 는 방식이었습니다. 그때 그 시스템을 보고 꽤 놀랐습니다. 이것이 지 금까지 이어온 기록관리 혁신의 가장 큰 덩어리 중 하나라고 생각합 니다. 보통 행정의 투명성과 책임성을 많이 이야기하는데, 노무현 대 통령은 선언적 수준에 그친 것이 아니라, 이를 시스템으로 실제 구현 한 것이죠.

전진한 당시 문서관리카드를 노무현 대통령이 직접 개발했다는 것 은 신문에도 보도가 많이 되었습니다. 그때 너무 궁금해서 '이지원'

시스템 화면을 정보공개청구 해봤어요. 그랬더니 업무혁신비서관이 직접 들고 저한테 와서 브리핑을 해주었어요. 지금 생각해보면 엄청난 '민주화 정신'이었던 것 같아요. 하하하.

이재정 결국은 그런 과정에서 대통령기록물법이 만들어진 것이군요. 그럼에도 법을 만드는 과정에서 주체들 간에 견해차가 꽤 있었을 것 같은데요. 특히 대통령지정기록물 제도에 대해서 말이죠.

조영삼 당시 대통령기록물법을 제정해야 되겠다는 생각은 아주 단순했습니다. 우리는 대통령중심제 국가이기 때문에 국가 주요정책이 대통령과 관련된 기관에서 사실상 최종 결정됩니다. 그런데 대통령기록은 거의 남아 있지 않다, 이것이 큰 모순이라고 생각했죠. 기록이 남아 있게 하려면 어떻게 해야 할지 고민했어요. 우선 고민 중 첫 번째가, 대통령비서실에서 기록을 남기지 않는 것은 퇴임 이후 자기 정권이 생산했던 기록 때문에 불이익을 받을 수 있다는 불안감이 핵심인데, 이것을 어떻게 할 것이냐 하는 것이었습니다. 두 번째는, 대통령이 재임 기간 생산된 기록에 대해 퇴임 후 접근할 수 있도록 최대한 보장해주면서 기록을 남기도록 하는 제도가 되어야 한다는 것이었고요.
첫 번째 고민의 결과로 대통령지정기록물 제도를 도입했고, 두 번째 고민에서 전직 대통령의 열람권 보장을 법에 담고자 했던 거죠. 그래서 같은 대통령제를 시행하고 있는 미국의 대통령기록법을 주목했습니다. 미국 제도에 대통령기록의 접근제한 제도가 있었고요. 그 법을 연구했습니다.

그런데 엉뚱하게도 다른 이유로 이 법안이 주목을 받습니다. 2005년 8월에 한나라당 정문헌 의원이 '예문춘추관법'이라는 법을 입법 발의했어요. 처음에 '예문춘추관법안'에는 대통령비서실에서 생산한 문서를 100년 동안 대통령지정기록물로 지정할 수 있도록 되어 있었어요. 당시 야당도 이런 문제의식을 공유한다는 것을 확인할 수 있었던 셈이지요. 이런 공감대가 대통령기록물법을 제정할 수 있는 동력이 되었다고 할 수 있습니다. 이 법을 만들 때 대통령지정기록물 제도가 알권리를 법으로 제한하는 것이기 때문에, 굉장히 많은 고민을 했습니다. 그런데 대통령기록을 생산하는 입장에서 보면, 기록이 있어야 알권리도 있다는 생각을 했습니다.

이재정 일단 기록이 남아 있어야 된다……

조영삼 그렇습니다. 기록을 관리하고 연구하던 실무자의 입장에서는 기록이 있어야 알권리도 있다는 생각이 확고했죠. 그럼에도 이명박·박근혜 정부 거치면서 지정기간이나 지정방법에서 문제가 생기고 보니, 제정 당시에 더 정교하게 생각하지 못한 점이 있었다는 것을 깨닫게 되었습니다. 가령 전직 대통령의 열람권만 하더라도, 저희는 전직 대통령이 요구하는 방법대로 서비스해 주는 것이 이 제도의 취지라고 생각했어요. 그런데 나중에 법률가들은 '열람'에 대해, 전직 대통령이 기록이 보존되어 있는 곳에 직접 방문해서 눈으로 봐야 한다고 해석하더라고요. 입법 의도와 결과가 전혀 다른 방향으로 갈 수 있다는 것도 그때 깨달았습니다.

전진한 저 같은 정보공개 활동가들은 이명박이나 박근혜 같은 사람들이 대통령지정기록을 어떻게 악용할 것인가를 걱정했어요. 사실은 입법 과정에서 사람의 경험의 차이와 미래를 바라보는 관점의 차이에 따라 입장이 갈립니다. 기록을 남기는 것이 우선인가, 공개하는 것이 우선인가 하는 것은 참 어려운 문제입니다. 시민의 알권리는 민주주의의 핵심 가치인데, 그 알권리를 법을 통해 유예시키는 것이 말이 되는지 많이 고민했습니다. 실제로, '세월호 7시간 기록'에 대해서 정보공개청구 소송을 하고 있는데, 박근혜 정부는 그 기록을 이미 다 대통령지정기록물로 지정해 버렸거든요. 그러면 세월호 유가족이나 활동가들, 진실을 알고자 하는 시민들의 입장에서는 엄청난 반발심이 생길 수밖에 없습니다.

조영삼 법이 우선순위를 어디에 두느냐의 문제죠. 법을 운영하는 방법론이 제도를 가장 합리적으로 운영할 수 있는지가 핵심이라고 봅니다. 공개가 우선인지, 대통령기록 보호가 우선인지, 한번에 해결하지 못하는 문제가 있을 수 있다는 것입니다.

이재정 지금 당장 기록을 보자고 하면 그 기록이 없어질 수 있고, 나중에 보자고 하면 지금의 알권리가 침해될 수 있고, 참 어렵네요.

전진한 우리나라는 아래로부터 문화가 형성되고 공유되는 과정을 거쳐 법이나 제도가 만들어진 경우가 거의 없어요. 문화적으로 공유가 되어서 만들어진 법 중 대표적인 것이 임대차보호법인데요. 이 법의 '확정일자' 같은 제도는 정말 우리 사회의 '전세 문화'가 만들어낸 최고의 제도입니다. 그런데 대부분의 법안은 선진국의 사례를 모방해서 만듭니다. 그러다 보니까 그 나라에서 오랫동안 형성되고 지켜져 왔던 문화를 따라가지 못하는 거죠. 미국만 하더라도 현 정권이 전직 대통령의 기록을 보자고 한 적이 없다고 해요. 여야가 서로 존중해 주는 정치문화가 전제되어 있는 것이지요. 그런데 우리는 그런 문화가 아니거든요. 그러다 보니 이 제도가 선한 의도를 가진 입장에서는 역사에 기록을 남기는 취지의 제도로 쓸 수 있는데, 악용하는 사람들은 자신의 치부를 감추는 목적으로 사용할 수 있다는 거죠. 지금 전 국민이 그것을 경험하고 있는 것입니다.

이재정 미국에서 대통령기록을 지정할 때에, 아마도 이성적이고 객관적인 판단으로 지정을 했을 것입니다. 그런데 박근혜 정부에서 일어난 기록참사를 지켜보면서, 이 제도에 대해 수많은 사람들이 실망했습니다. '세월호 7시간'의 진실이 15년, 30년 동안 봉인된다고 하니, 속이 터지는 거죠. 한일 군 '위안부' 합의 관련 문서도 봉인되었지요. 이 문서들은 결국 피해자 할머니들이 다 돌아가신 후에야 공개될 수밖에 없거든요.[*]

---

[*] 2017년 12월 27일, '일본군 위안부 피해자 문제 합의 검토 외교부 태스크포스(TF)'는 최종보고서 발표를 통해, '위안부' 합의 과정에서 한일 양국 정부 간에 이면계약이 있었다고 밝혔다.

이재정 2008년도 대통령기록 봉하마을 유출 논란 사건이 터졌을 때, 조영삼 원장님은 현직 공무원 신분으로 당시 이명박 정부를 비판했던 것으로 유명합니다. 그때 심경이 어떠셨어요?

조영삼 논란이 된 게 2008년 7월이었던 것 같습니다. 당시 언론에서 노무현 전 대통령을 엄청나게 비판했던 기억이 납니다. 그리고 대통령지정기록물 자체를 다 공개해 버릴 기세였어요. 그래서 고민하다가 신문에 투고를 하게 되었습니다. 현직 공무원 직위로 언론에 투고하는 것에 고민이 많았습니다.[**]

이재정 당시 반응이 어땠어요?

조영삼 이명박 정부 청와대에서 굉장히 불쾌해 했다고 들었습니다.

이재정 그런 이야기를 직접 전해 들으셨어요?

조영삼 지나가면서 지인한테 들었어요. 그런데 얼마 후 청와대에서 어떤 조치를 요구한다는 얘기를 들었습니다. 교육과학기술부 책임팀장하고 식사를 하는데, 저더러 다른 자리로 옮겨 달라고 하더군요. 결국 국립과천과학관으로 전보되었죠. 저는 기록관리가 전문인데, 거

[**] "대통령 지정기록 반드시 보호되어야", 조영삼, 「한겨레」 2008. 7. 31.

기에서 관람객 관리 일을 했습니다.

이재정 MBC 기자들이 빙상장 관리했던 거랑 너무 똑같네요.

조영삼 아무튼 몇 개월 동안 그 일을 했는데, 너무 힘들었습니다. 그런데 다행히 제 모교에서 강의 전담 교수 자리가 나서, 휴직을 하고 대학으로 갔죠. 그러다 이후에 사직을 했어요.

전진한 당시에 이 문제에 대해서 공개적으로 글을 쓴 사람은 조 원장님하고 저밖에 없었어요. 전 활동가였지만 조 원장님은 공무원 신분으로 참 어려운 결단을 하신 거죠. 그때 분위기가 너무 살벌했어요. 당시 너무 집요하게 노무현 대통령 측근들을 고발하는 것을 보면서, 권력의 비정함을 많이 느꼈습니다. 저도 글을 하나 쓰고 나면, 며칠 동안 잠을 못 잘 정도로 스트레스를 받았거든요.* 심지어 조 원장님과 제가 어떤 관계인지 캐묻는 사람도 있었어요.

이재정 두 분의 관계는 저 이외에도 많이들 궁금해 하셨군요. 하하하.

전진한 그런데 세월이 지나, 지금은 국가기록개혁 TF 요원이 되셔서, 그 사건을 조사하고 계시지요?

조영삼 예, 국가기록개혁 TF에 참여하고 있습니다. 관련된 문건들을

---

* "논란 핵심은 '유출' 아니라 '열람권 확보'", 전진한, 「오마이뉴스」 2008. 7. 15.

보면서 충격을 받은 것이 있는데요. 제2차 남북정상회담 대화록 초본 삭제 논란 당시에, 기관의 입장을 정할 거 아닙니까? 그런데 국가기록원 문건에 보면, '원본 삭제(무단파기)'라고 명확히 입장을 정하는 것이 나와요.

지금 조명균 통일부 장관께서 당시 비서관일 때 '이지원' 시스템에 탑재했던 회의록은 초안이었습니다. 그것을 보고 노무현 대통령이 부정확한 표현들에 대해 수정시지를 했고, 수정본이 최종본이 된 것이지요. 그럴 경우 당연히 초안은 삭제하지요. 그런데 그것을 '원본 삭제'라고 표현하면서, 논란의 프레임을 계속 '불법'으로 몰아갑니다. 이때 국가기록원이 중립을 지키지 않고, 정파적 입장에 선 것이지요. 결국 이 재판은 무죄로 결론이 났습니다. 그러나 그것에 대해 국가기록원에서는 아무런 입장표명이 없었습니다.

전진한 제가 볼 때 '이지원' 시스템 봉하마을 유출 논란, 10·4 남북정상회담록 원본 삭제 논란은 '위에서' 어떤 지시가 내려간 거 같아요. 아마 당시 이명박 청와대에서 기획을 한 것이겠지요.

이재정 만약 국가기록원장을 공무원이 아닌 전문가로 선임했다면 상황이 전혀 달라졌겠죠. 전문가로서 자존심과 기본 자격요건을 갖추었다면 말입니다. 그런 면에서 이번에 학계 전문가가 국가기록원장이 된 것은 참으로 다행입니다.** 우리 헌법에 양심의 자유, 표현의 자유라고 하는, 누구도 함부로 훼손할 수 없는 기본권 조항이 있잖아

** "혁신 꾀하는 국가기록원, 최초 민간 전문가 원장 취임", KTV 2018. 1. 3.

요. 그걸 누군가 침해하려고 하면, 정파적 논리나 이념을 떠나 전문가의 양심으로 반기를 들었을 것 같습니다.

조영삼 예를 들면 2008년에 봉하마을 유출 논란 사건도 국가기록원에서 이미 기록 원본을 이관 받았고, 봉하마을에 전달된 것은 '이지원'의 복제 파일이니, 엄밀히 따진다면 큰 문제가 될 일이 아니었어요. 그런데 갑자기 이명박 정부 입장에 서서, 이것을 무단유출로 고발한 것이지요.

전진한 당시 국가기록원 대변인을 자임하는 분이, "이 사건은 엄청난 법 위반"이라고 계속 브리핑했어요. 그것도 수동적으로, 소극적으로 한 것이 아니라, 매우 조직적으로 노무현 대통령을 욕보인 거죠.

이재정 행정자치부 및 국가기록원에서 당시 그 사건에 연루되었던 분들은 지금 어떤 상황이에요? 여전히 그 직들에 있는 분들이 많나요?

조영삼 승진을 많이 했지요.

이재정 여전히 본인의 행위를 정당화하고 있지 않나요? 아니면 단순히 정권이 바뀌었기 때문에 위기감을 느끼고 있을까요? 사실 '적폐'라는 것은 사람의 문제만을 이야기하는 건 아니라고 봐요. 그런 분들이 중요한 역할에서 여전히 자리를 지키고 있는 시스템이 문제이지요.

조영삼 국가기록개혁 TF에서 조사한 바로는, 그런 분들이 상당수 있는 것으로 보입니다.

전진한 2017년 봄에 국가기록원과 기록학회가 학회를 열자고 했는데, 발제문 하나에 "국가기록원이 노무현 대통령 측근을 고발했다"는 내용이 있어요. 그런데 "노무현 대통령, 측근"을 고발했다는 표현이 발표문에 있었는데, 국가기록원 측에서 그 쉼표를 빼달라고 했습니다. 이게 예민한 문제잖아요. 쉼표를 빼면, "노무현 대통령(의) 측근"을 고발한 것이 되고, 쉼표를 넣으면 노무현 대통령과 측근 둘 다 고발한 것이 되니까. 그 당시 국가기록원이 노무현 전 대통령을 고발하지는 않았다는 항변입니다. 기가 막히죠. 당시 노무현 대통령을 압박하려고 측근을 고발했다는 것은 모두가 다 알고 있는 사실인데요. 발표자가 이 얘기를 듣고, 발표를 취소해버렸어요.

이재정 노무현 대통령 측근을 고발한 것이 노무현 대통령을 고발한 것이죠. 이걸 분리하니까 더 괘씸하네요.

조영삼 당시 보도 제목에 "명백한 불법"이라는 표현이 나옵니다. 당시 국가기록원 측이 봉하마을 내려가서 기록을 달라 할 때, 노무현 대통령과 참모들(현 문재인 대통령 포함)과 국가기록원 측이 면담했던 대화록이 있어요. 그 대화록에 국가기록원 측에서 "명백한 불법"이라고 이야기한 내용이 실제로 나옵니다. 이런 표현은 국가기록원 측에서 분명히 사용했던 것이지요.
그런데 국가기록원은 어땠나요? 이번에 우리가 이명박·박근혜 정부 기간 동안 국가기록원장이 장관에게 보고한 문건을 달라고 하니, 단 1건밖에 없다는 것입니다. 특히 특정한 사건을 지정해서 원장이 장관에게 보고한 문건을 달라 이야기했더니, 등록된 건수가 단 1건이라는 겁니다. 그래서 국가기록개혁 TF 전체회의 때 화를 냈더니, 그 다음에 19건을 가져왔어요. 이게 무슨 말이냐면, 18건은 등록을 하지 않았다는 얘기입니다. 국가기록원이 기록을 등록하지 않는다? 매우 서글픈 현실입니다. 이런 기관이 당시 노무현 전 대통령에게 불법 운운했던 것입니다.

이재정 이번에 제대로 청산하고 개혁해야 할 적폐가 너무나 많다는 것을 다시 한번 확인하게 되는군요. 심지어 그런 적폐에 적극 가담했던 사람들 가운데, 아직도 요직에 남아 있는 사람들이 너무 많습니다.

— 비밀기록은 무엇인가?

전진한 최근 비밀기록이 문제가 많이 있습니다. 이명박 전 대통령의 경우 정권이 끝난 후 비밀기록이 0건이라고 해서 화제가 되었죠. 모든 기록을 다 대통령지정기록물로 지정했다는 것이죠. 그리고 후에 자서전을 통해 국가비밀을 공개하기도 했습니다.

조영삼 가장 기본적인 이야기입니다만, 시민들에게는 '알권리'가 있고, 공공기관은 '알릴 의무'가 있습니다. 그런데 비밀기록에 대해서는 '알 필요'가 있다고 하는데요. 특별한 직책을 수행하는 사람은 반드시 비밀기록에 대해 알아야 한다는 의미지요. 모든 사람이 알 필요가 있는 건 아니지만, 직무상 그것을 반드시 알아야 할 집단이 있는 거죠. 대표적으로 안보와 관련된 내용을 공유해야 할 집단이 있는데, 그것은 전 정권과 후임 정권을 가리지 않는 문제라고 봐요. 그런데 만약 이걸 대통령지정기록물로 지정해 버리면, 후임 정권이 여기에 접근을 못 하는 거예요. 이것은 기록을 보호하는 문제와는 전혀 의미가 다릅니다. 국가운영에 대한 기본적인 진정성이랄까, 통치철학과 관련이 있다고 봅니다. 이명박 정권이 비밀기록을 한 건도 후임 정권에 이관하지 않았다는 것은 아주 작은 행동일 수 있지만, 이명박 정부의 후안무치한 태도를 알 수 있는 거죠.

이재정 우리 일반 시민들은 당시에 기록에 관한 이야기를 들어도 잘 이해하지 못하거나 실감하지 못했습니다. 이게 왜 문제인지, 대통령지정기록물로 지정되어 보호되는 것과 비밀기록물로 관리된다는 것이 어떤 차이가 있는지 말입니다. 쉽게 말해 비밀기록은 어떤 직위를 맡고 있는 공직자들은 국민의 안전, 생명, 국가안보 등을 위해 반드시 인지하고 있어야 하는 기록이라는 것이죠. 조영삼 원장님이 말씀하신 '알 필요'라는 그 한마디로 많은 것이 정리되는 거 같네요.

조영삼 지난해 5월에 정권이 교체되었는데, 정권 바뀌자마자 안보 이슈와 외교 이슈가 부각되고 매우 민감하게 다루어지고 있습니다. 그런데 만약 외교·안보·국방에 관련된 것들을 모두 대통령지정기록으로 묶어 버리면 후임 정부에서 신속하게 대응할 수가 없겠지요. 물론 국방부나 외교부로부터 관련 내용을 보고받을 수는 있겠지만,

"대통령기록 봉하마을 유출 논란이 일어나고,

당시 언론에서 노무현 대통령을 엄청나게 비판했습니다.

대통령지정기록물 자체를 다 공개해 버릴 기세였어요.

그래서 고민하다가 신문에 투고를 하게 되었습니다.

현직 공무원 직위로 언론에 투고하는 것에 고민이 많았습니다.

얼마 후 이명박 정부 청와대에서 어떤 조치를 요구한다는 얘기를

들었습니다. 결국 국립과천과학관으로 전보되었죠.

저는 기록관리가 전문인데, 거기에서 관람객 관리 일을 했습니다."

신임 정부 청와대나 국가안보실 입장에서 보면 1분 1초가 다급한 상황에서, 전임 정부가 했던 일을 지정기록으로 묶어서 볼 수 없다면 이건 말이 안 되는 거죠. 대통령지정기록물 대상의 첫 번째가 외교·안보 등과 관련된 비밀기록인데, 그것을 지정기록의 범위에서 빼는 게 사실은 국익에 더 부합하지 않겠나 하고 저는 생각합니다. 이건 기록 보호의 문제가 아닌, 국익의 문제라고 봐야 합니다. 이런 문제를 합리적으로 풀 수 있도록 법률가들과 외교·안보 전문가들이 지혜를 발휘해 줘야 하겠습니다.

전진한 세월호 참사가 발생했을 때, 담당 수석비서관이나 비서관이 대통령한테 빨리 보고해서 지시를 받아야 하거든요. 여기에도 해경, 해군, 해수부 등의 업무가 복잡하게 얽혀 있어요. 그런데 만약 전임 정부가 이런 매뉴얼을 제대로 관리하지 않았다면 어떻게 되겠어요? 당연히 우왕좌왕하는 거죠. 심지어 대통령은 부재중이고요. 당시 상황이 바로 이러했고, 세월호 참사의 원인이 거기에 있다고 주장하는 분들이 꽤 있어요. 실제 당시 청와대에서 "우리는 컨트롤타워가 아니다"라는 발언까지 합니다. 기가 막히죠.

메르스 사태 때도 마찬가지예요. 삼성병원에 환자가 발생했으면 이걸 공개할지 말지 전임 정부 사례를 참고해서 빨리 결정해야 하거든요. 그때도 우왕좌왕했던 거죠. 다른 이야기지만 이번에 문재인 대통령이 포항 지진 때 수능 연기를 지시한 것은 아주 잘한 조치라고 생각합니다. 이런 게 리더십이죠.

조영삼 비밀기록과 지정기록의 균형 있는 관리, 활용, 공개는 대통령기록 관리 문제 중에서 가장 핵심적인 연구 대상인 것 같아요.

이재정 국가정보원이 2013년 6월 24일, 국정원에서 1급 비밀로 관리하던 2차 남북정상대화록을 공개한 것도 큰 문제였죠?

전진한 실제 2012년 대선에서 남북정상대화록 문건이 공개된 적이 있습니다. 당시 새누리당 김무성 의원 등이 이 문건을 유세 중에 읽었죠. 이것을 2013년에 다시 공개한 것입니다.

조영삼 국정원이 1급 비밀을 공개했잖아요. 이게 전 세계 정보기관에서 전무후무한 일이죠. 그런데 그 회의록이 국정원에 있었기 때문에 그게 대통령지정기록물이냐 아니냐 하는 법적 논쟁이 있을 수 있습니다. 그런데 법적 논쟁과는 사실 상관없이, 양국 정상 간의 대화록을 무단으로 공개하면 엄청난 파장이 일어납니다. 심지어 외교단절도 일어날 수 있는 거죠.*

전진한 그런데 대화록을 공개해보니 사실은 NLL 포기 발언을 김정일 전 국방위원장이 한 것으로 나왔잖아요. 자유한국당 의원들은 그

---

* 보안업무규정 제4조(비밀의 구분) 비밀은 그 중요성과 가치의 정도에 따라 다음 각 호와 같이 구분한다.
1. I급 비밀: 누설될 경우 대한민국과 외교관계가 단절되고 전쟁을 일으키며, 국가의 방위계획·정보활동 및 국가방위에 반드시 필요한 과학과 기술의 개발을 위태롭게 하는 등의 우려가 있는 비밀.
2. II급 비밀: 누설될 경우 국가안전보장에 막대한 지장을 끼칠 우려가 있는 비밀.
3. III급 비밀: 누설될 경우 국가안전보장에 해를 끼칠 우려가 있는 비밀.

내용도 정확히 파악하지 않았던 거죠.

조영삼 기록을 선거 및 정치적 공방에 이용하는 것은 기록관리 차원에서는 매우 안타까운 일이라고 생각합니다.

― 국가기록원의 역할을 묻다

이재정 박근혜·최순실 국정농단이 세상에 알려지고 탄핵 논의가 이루어질 때 별안간 문서파쇄기 26대가 청와대로 들어갑니다. 당시 더불어민주당 백혜련 의원이 조달청에 확인한 자료에 따르면 2016년 9월 27일, 세단기 2대를 구입한 것을 시작으로, 2017년 2월 2일까지 모두 26대의 문서 세단기를 사들였어요.

청와대 내에서 기록을 파기하고 있다고 누구나 추정할 수 있는 상황에서, 국가기록원은 아무런 조치를 취하지 않았어요. 국회 상임위에 출석해서도 조치를 요구하는 의원들의 질의에 아무런 이야기를 하지 않았고요. 당시 지켜보신 입장에서 어떠셨어요?

조영삼 공문은 보냈다고 하는데 다른 조치는 없었습니다. 그런 상황이라면 사실은 '기록 동결 조치'를 국가기록원장이 할 수 있습니다. 전례도 있고요.

이재정 그 전례는 언제인가요?

조영삼 2014년 국가기록원이 과거사 관련 기록 폐기를 막기 위해 '기록 자체폐기 동결' 조치를 취한 적이 있습니다. 당시 해외 공관에서 3·1운동 피살자 명부 등이 공개된 것이 계기가 된 것이죠. 당시 국가기록원은 해외 공관 및 국내 지자체 등에 대한 과거사기록물 실태조사를 시행했고, 이를 위해 1,600개 기관에 '기록 자체폐기 동결'을 공식적으로 요청한 바 있습니다.

하지만 지금 제도적으로 국가기록원은 청와대가 등록하고 관리한 것만 받아서 와요. 국가기록원 자체가 독립적인 일을 하지 못하고 있는 거죠.

이재정 그런데 역설적으로 청와대 캐비닛에 박근혜 정부 청와대의 온갖 기록이 남아 있었습니다. 이번에 제가 직접 대통령기록관을 방문해서 이틀 동안 문서들을 열람하고 왔습니다. 그런데 야당에서 그게 대통령지정기록물일 수 있다고, 그러니 그 내용을 공개하는 것은 부당하다고 공격해요. 제가 그랬죠. 그 문서들은 어쩌면 파쇄지로 발견되었을지도 모르는 문건들이라고요. 박근혜 정부는 이렇게 기록을 보존하는 것도 두려워했어요. 역사의 평가가 그만큼 무서웠던 거죠.

전진한 전 조금 다른 관점에서 봅니다. 분명히 청와대 직원 중에 캐비닛 문건의 존재를 인지하고 있는 사람이 있었을 겁니다. 하지만 그걸 자기가 책임지고 파기하기가 싫었던 거죠. 잘못하면 증거인멸이나 대통령기록물법 위반이 되니까요. 대통령도 이상해 보이고, 핵심 참모들은 자기 살길 찾아서 나가는 상황에서, 관련 공무원들은 그냥 그대로 두고 나온 거라고 봐요.

© 장영식

이재정 대통령지정기록물 지정 논란과 관련해서요. 황교안 권한대행이 그것을 지정할 때, 권한 여부를 둘러싸고 치열한 공방이 있었습니다. 대통령이 탄핵된 상황에서 권한대행이 과연 대통령지정기록물을 지정할 수 있는 권한이 있느냐 하는 거지요. 결국 지정을 하길래, 제가 국가기록원장에게 어떤 절차에 근거해서 권한이 있다고 판단했냐고 물었는데요. 국가기록원장이 행정자치부 자문 변호사의 자문을 받았다고 하더군요. 그래서 자문한 변호사의 정보를 달라고 했더니, 개인정보라서 공개할 수 없다고 해요. 기가 막히죠. 당시 국가기록원의 이런 태도에 대해서는 어떻게 보고 계십니까?

조영삼 전 그 변호사들이 대통령기록물법의 취지나 제도 운영의 의미를 잘 몰랐다고 봅니다.

이재정 전문적 판단이라고 볼 수 없다는 말씀이지요? 전문가도 아니었고요.

조영삼 그렇습니다.

이재정 법률가들도 여러 해석 방법이 있어요. 자구적 해석, 입법론적 해석 등 말입니다. 그런데 그 법률가들은 정말 한 문장만 해석하고 만 거죠. 당시 황교안 총리는 법제처나 전문가의 해석도 받지 않은 상태에서 자기들이 하고 싶은 대로 결정한 것 같아요.

전진한 큰 문제가 발생했을 때 정부가 매우 무책임하고 무기력한 모습을 보일 때가 많습니다. 책임을 지지 않기 위해서 그냥 대충 넘어가는 경우가 비일비재합니다. 이런 관행이 심각한 문제라고 봅니다. 대통령제 하에서 대통령 유고는 정말 엄중한 상황인데요. 쉽게 말하면 대통령도 없는데, 대충 다 대통령지정기록물로 집어넣고는 모르겠다고 잡아떼려는 심정이었을 겁니다.

이재정 이 질문도 중요한 것 같아요. 이명박 정부 때 '기록 선진화사업'을 한다면서 기록물관리 전문요원 자격을 전직 공무원들에게 부여하려고 했었죠? 또한 보존기간 1, 3년 기록들에 대해서 기록물평가심의회 의결도 거치지 않고 폐기하려고 한 적도 있었다고 알고 있는데요.

조영삼 2010년도에 '규제개혁' 차원에서 추진했는데요. 기록물관리 전문요원의 경우는, 당시 자격요건이 기록관리학 석사 이상의 학력을 요구했었어요. 이에 대해, 쉽게 말해 '학력 제한'을 철폐하는 것뿐만 아니라 그 실무를 해 본 사람에게는 같은 자격을 줘야 된다는 취지로 추진한 겁니다. 당시 기록관리대학원 학생들이 엄청나게 반발했습니다.

전진한 당시 국무총리실의 '학력 철폐' 추진을 막기 위해 1년 넘게 싸운 것 같아요. 사관복(史館服) 입고 탑골공원에서 연좌시위도 하고, 청와대 앞에서 1인 시위도 했습니다. 결국 정부가 원하는 방향으로 개정하지 못했어요. 당시 생각하면 학생들과 교수님들이 한 몸이 되어서 참 열심히 싸웠던 것 같습니다. 결국 전문요원 자격 문제는 대학원 외 교육원 교육을 1년 받고 시험을 치면 자격을 얻을 수 있는 방향으로, 자격요건 폭이 다소 넓어지는 쪽으로 개정되었습니다.

조영삼 보존기간 1, 3년짜리 자료를 심사나 심의 없이 폐기한다는 것도 큰 문제가 되었습니다. 이것은 일선 공공기관에서 보존기간 1, 3년 기록은 너무 많으니 폐기 심사나 심의를 하지 않고 각 기관이나 부서에서 자체적으로 폐기할 수 있도록 하자, 절차를 간소화하자, 하는 일종의 '규제개혁' 차원으로 한 거죠. 그런데 전문가 집단에서 우려한 것이 뭐냐면, 과거에 보존기간을 짧게 책정해서 중요한 기록을 합법적으로 폐기한 사례가 많이 있었기 때문에 반드시 기록물관리 전문요원이 심사하고 외부 전문가가 참여하는 기록물평가심의를 거쳐서 폐기하도록 하자고 되어 있었던 겁니다. 그런데 이것을 규제라고 철폐하자고 한 거죠. 이것도 극렬하게 반대해서 결국 철회했습니다.

이재정 국정농단 사태나 기록유출 논란 같은 역사적 사건에서 공무원들의 태도를 보면, 과연 이들에게 '전문성'을 부여할 수 있을 것인지 의문이 드네요.

— "기록관리 전문가들은 좌파다"?

전진한 거시적인 관점에서 보면 이명박·박근혜 정부에서 기록과 관련된 이상한 일이 계속 벌어지잖아요. 아마도 '기록'이 자기들을 감시하고 있다는 것을 느꼈던 것 같아요. 그리고 기록관리 하는 사람들을 마땅치 않게 생각했던 것 같고요. 심지어 '좌파'라고 낙인을 찍기도 했습니다. 특정 학문이 좌파일 수도 있나요? 아무튼 그런 입장이다 보니, 계속 기록관리 하는 사람들에게 불이익이 되는 정책들을 밀어붙였습니다. 어쩌면 그들은 '기록'이라는 문화와 제도 자체가 '노무현 정부의 유산'이라고 생각했을지도 모르겠습니다. 지난 9년 이명박·박근혜 정권이 철저히 망가지게 된 계기가 바로 이런 '피해의식'에서 비롯된 것 아닌가 하는 생각이 들기도 합니다.

이재정 기록은 좌파다, 이런 논리네요.

전진한 그런데 재밌는 것은 그렇게 기록을 싫어하던 분들이 캐비닛에 어마어마한 기록을 남겨둔 거죠. 기록관리를 제대로 안 하면 어떤 일이 벌어지는지를 전 국민이 다 본 겁니다. 실제로 여러 부처 공무원들도 충격을 받은 것 같더라고요. 제가 일선 지방자치단체에 가면, 그런 질문을 자꾸 하세요. 그렇게 열심히 파기를 했다는데 어쩌다 그런 캐비닛 자료가 남아 있었냐고요. 이해가 안 되잖아요. 그러면 이렇게 대답하곤 합니다. "파기를 잘하려면 기록관리를 잘해야 된다"고. 사본이 어디 있는지 알고 있어야 되는 거잖아요. 예전에 제가 참여연대에서 기록관리 할 때도 기록물 폐기의 중요성에 대해 많이 느꼈어요. 필요 없는 기록은 없애야 되거든요. 예전에 은행 고객정보를 동네 강아지가 물고 다녔다는 전설 같은 얘기도 있잖아요.

이재정 잘못 처리하면 어처구니없는 일이 생길 수도 있겠네요.

전진한 실제로 예전에, 풀빵 봉지에 미사일 조립도가 나왔다는 얘기도 있어요. 왜냐면 예전에만 하더라도 기록물 파기 업체를 통해 파쇄를 한 게 아니라, 폐지공장에 넘겼거든요. 실제로 국회의원실에서 문제 되는 것이 가장 많이 나와요. 진짜 조심해야 됩니다.

조영삼 저희 부서에서 문서 파쇄 업체하고 협약하면, 업체에서 파쇄 처리하는 일을 정기적으로 서비스해 줍니다. 기록이 많아질 때에는 절차에 따라, 합리적으로, 깨끗하게 폐기하는 것이 기록관리의 가장 기본적인 업무 중 하나거든요. 국회의원들이 기록을 파기할 때에는, 국회기록보존소에서 그런 서비스를 해줘야 한다고 봅니다. 그건 서비스의 영역이에요.

문서 얘기가 나와서 갑자기 생각났는데요, 가끔 인터넷에 보면 박원순 시장실에 문서 쌓여 있는 거, 그거 보여주기 쇼 아니냐 하는 의견들을 써 놓은 분들이 있더군요. 그거, 정말 오해입니다. 박 시장님은 보고를 받다가도 문득 생각이 나면 예전 서류를 꺼내가지고 바로 보시거든요. 참 대단합니다. 그리고 쌓아 놓은 서류들을 시간이 조금 날 때마다, 본인이 생각하는 분류기준에 맞춰서 정리하세요. 그 서류더미, 그냥 멋으로 쌓아두는 거 아닙니다. (웃음)

전진한 박원순 시장님이 참여연대 사무처장 맡고 계실 때, 간사들 기록관리도 아주 강조했습니다. 당시 '3공 파일'을 대대적으로 만들어서 기록을 다 분류해서 여기에 넣었어요. 그때 꽤 화제가 되었죠.

이재정 이번 정부 들어와서, 학계에 계신 분이 국가기록원장, 대통

"어쩌면 그들은 '기록'이라는 문화와 제도 자체가
'노무현 정부의 유산'이라고 생각했을지도 모르겠습니다.
지난 9년 이명박·박근혜 정권이 철저히 망가지게 된 계기가
바로 이런 '피해의식'에서 비롯된 것 아닌가 하는 생각이 들기도 합니다."

령기록관장이 되었는데요. 어떤 의미가 있는 것 같습니까?

조영삼 한 20년 가까이 국가기록원의 독립성과 전문성을 계속 주장해 왔는데요. 저는 그 요구에 대한 일종의 성과라고 생각합니다. 물론 아주 기대가 큽니다. 한편, 걱정도 많습니다. 국가기록원 조직이라고 하는 것이, 그동안 쌓여온 문화와 업무처리 방식 있을 거예요. 이런 모든 것들이 새로 취임한 원장님에게 얼마나 우호적일 것인가 하는 염려가 없지 않습니다.

전진한 이재정 의원께서 2017년 7월 4일 안전행정위원회 전체회의에서 김부겸 행정안전부 장관에게, 국가기록원장을 민간 전문가에게 개방할 것인지 질의하고 답변을 받아 냈잖아요. 그 순간은 상당히 역사적인 장면이었습니다. 1급 기관이 뭐 그렇게 대단하냐고 저한테 질문하는 사람도 꽤 있더군요. 저는 급수 이상의 큰 의미가 있다고 봅니다. 조선시대에도 사관들 급수가 별로 높지 않았지요?

조영삼 9품, 8품, 7품, 그랬죠.

전진한 그런데 지금도 그 사관이라는 게 중요하게 자리 잡고 있잖아요. 국가기록원장이라는 자리의 위상이 이번 문재인 정부에서 매우 비약적으로 높아질 가능성이 있는데요. 그 첫 번째 계기가 이 개방형이라고 생각합니다.

이재정 직업의 대표성을 가지고 공직을 맡는 분들은 자기가 몸담았던 터전과 동료들을 의식하고 일을 하는 게 중요하다고 봐요. 그런 것이 사명감으로 이어질 수 있지 않나 생각합니다.

전진한 맞습니다. 이전의 공무원 출신 국가기록원장들과는 이해관계가 분명히 다르지요. 그런 분들은 차관도 되어야 하고 더 높은 곳으로 가야 하지만, 지금 원장은 3년만 하면 직을 떠나게 되기 때문에, 재임 기간 동안 더 많은 개혁을 이루어 내야 합니다.

이재정 문재인 정부의 기록정책은 어떻게 가야 한다고 보십니까?

조영삼 어쨌든 저는 생산된 기록이 누락 없이 관리되도록 하는 것이 정책의 중심이 되어야 한다고 생각합니다. 두 번째는, 지금은 노무현 정부 당시와는 또 다른 환경입니다. 쉽게 말해 전면적인 전자 디지털 기록의 시대거든요. 그런 변화된 환경에 맞춰서 더욱 미래지향적인 기록관리 체계를 만들어내야 한다고 생각합니다. 마지막으로 대통령 기록의 문화가 제대로 서야 국가기록 문화가 함께 정립될 수 있다고 생각해요. 새로운 대통령기록 문화를 만들어 주셨으면 좋겠어요.

전진한 저는, 이번에 발견된 청와대 캐비닛 기록 등을 대대적으로 평가하는 위원회를 만들었으면 좋겠어요. 사학자, 기록관리 전문가, 언론인 등이 모여서 이 기록들을 평가하고 편찬하는 작업을 꼭 해야 한다고 생각합니다. 국정농단이 다시는 일어나지 않도록, 역사에 실록을 남겨야 한다는 것이죠.

이재정 대통령기록관에서 청와대 캐비닛 기록을 필사해 온 의원의 한 사람으로서, 꼭 필요한 작업인 것 같습니다.

— 서울기록원이 시작되다

이재정 지금 지방기록물관리기관인 서울기록원을 설립 중에 있잖아요. 설립 배경을 설명해주세요.

조영삼 그동안 기록이 '정치화' 문제로 이슈가 되었지만, 실제로는 기록의 문제는 자기 삶의 이야기예요. 나에게 어떤 중요한 계기가 생겼을 때, 혹은 인생을 정리할 때, 가장 대표적으로 하는 행동 중 하나가 그것을 기록하는 것입니다. 개인은 일기를 쓰거나 회고록을 쓰기도 합니다. 그런데 개인의 삶은 마을, 나아가 국가와도 관련이 있는 얘기거든요. 그런 이야기들의 기록을 도와주기 위해 지방의 기록관리가 활성화되어야 된다고 생각해요. 서울기록원 건립도 그런 차원에서 추진 중입니다.

서울기록원은 핵심이 두 가지입니다. 하나는 서울에 대해서 뭔가 하고자 하는 사람들한테 기초적인 정보를 주는 것, 직업이 기자든 국회의원이든 연구자든 이야기를 잘 풀어낼 수 있도록 기초정보를 제공하는 것이 목표예요. 두 번째는 기록문화 활동을 풍부하게 할 수 있도록 지원하고 연대하는 활동입니다.

이재정 기록문화 활동? 뭔가 아름다운 얘기인 것 같습니다.

조영삼　예를 들어 페이스북이나 블로그에 글을 쓰면, 개인들은 글을 쓰기만 하지 그걸 어떻게 보존해야 될지 잘 몰라요. 그럴 때 이런 도구가 있다고 알려주는 것이 중요하다고 생각해요. 예를 들면 결혼식 때 찍은 비디오 테이프가 있는데 이 테이프를 스마트 TV에서 보고 싶은 분들에게, 디지털 데이터로 변환할 수 있도록 지원하는 거죠.

전진한　멋지네요. 서울기록원이 들어서는 위치가 북한산과 가까운데, 많은 분들이 기록문화에 더 친숙해지면서 산책도 하면 참 아름다운 곳이 될 것 같습니다.

이재정　예, 오늘은 서울기록원 조영삼 원장님을 모시고, 지난 10년 동안 기록관리와 관련해 일어났던 중요한 사건들에 대해 얘기를 나눠 보았습니다. 양심을 가진 공무원의 존재가 얼마나 중요한지 깨닫는 시간이었어요. 두 분, 고맙습니다.

국정농단은 왜 기록으로 남았을까?

+ 이재정
　전진한

+ 이재정

20대 국회 더불어민주당 비례대표 초선 의원. 기록추적자. 제도정치의 일원이 되기 전에는 민변 소속 인권변호사로 활동하며 굵직한 시국사건을 변론했다. 사상 초유의 국정농단 사태 당시 원내 대변인으로 활동하며 탄핵정국의 중심에 섰다. 황교안 총리를 비롯한 박근혜 정권의 주요 인사를 상대로 문제의 핵심을 날카롭게 파고드는 질의를 펼쳐 국민으로부터 '사이다'의 칭호를 얻었다. 국회 행정안전위원회와 여성가족위원회에서 활약하며 시민단체와 언론으로부터 다수의 우수 의정활동 상을 수상했다. 적극적인 입법 활동으로 임기 절반이 채 지나지 않은 시점에 60여 건의 법안을 발의했고, 이 중 '소방관 눈물 닦아주기 법'은 많은 국민의 호응을 얻어 소방청 독립이라는 성과를 이뤄내기도 했다.

+ 전진한

정보·기록 전문 활동가, 알권리연구소 소장. 2002년 참여연대 정보공개사업단 활동을 시작으로 '투명사회를 위한 정보공개센터' 창립을 주도했으며, 2대 소장을 역임했다. 16년 동안 쌓은 정보공개 운동의 내공으로 청와대 정보공개심의위원, 대통령기록관리전문위원회 위원, 국가기록관리혁신 TF 위원 등을 겸하며 공공기록물 제도, 대통령기록물 제도 개혁에 헌신하고 있다. 최순실 태블릿 PC 사태를 한 달 앞둔 2016년 9월에는 마치 예감이라도 한 듯, 그리고 운명처럼, 『대통령 기록전쟁』을 출간했다.

— 계획되지 않은, 그러나 운명적인 만남

전진한 그동안 우리가 다섯 분과 인터뷰를 진행하면서 많은 이야기를 나눴습니다. 서울시장, 변호사, 교수, 공무원, 재야 역사가의 눈으로 국정농단 사태를 다뤄 왔는데요. 그동안 대화를 나누면서 느낀 점이 많을 것 같아요. 그래서 오늘은 인터뷰를 갈무리 하는 차원에서 이재정 의원님과 그동안의 인터뷰에 대한 소회, 국회의원로서의 고민에 대해 이야기 나누려고 합니다.

먼저 이 질문부터 드릴게요. 지금 국회 행정안전위원회 위원으로 활동하고 계신데, 어떤 계기로 이 위원회를 맡게 되셨나요?

이재정 모든 분들이 아시다시피 저는 변호사 출신인데요. 권력 작용의 적법성 문제에 아주 관심이 많았어요. 그 차원에서 선택할 수 있는 위원회와 제가 역량을 발휘할 수 있을 것으로 기대되는 위원회를 몇개 고민했는데, 그 가운데 하나가 행정안전위원회였어요. 집시법이라든지, 선거법이라든지 그간 필드에서 민변 변호사로서 활동할 때 고민했던 내용들을 많이 풀어낼 수 있는 위원회라고 생각했거든요.

그런데 위원회 배치 자체가 국회의장의 권한이기도 하고, 많은 의원들이 선호하는 위원회가 겹칠 경우에는 배정이 의사대로 되지 않는 경우가 많아요. 그래서 2016년 9월에야 행안위로 오게 되었는데요. 사실 오면서 기록물에 대한 고민과 어떤 계획이 있었던 건 아니에요. 어찌 보면 저와 기록의 만남은 정말 우연한 것이었고, 운명적인 것이었어요. 계획되지 않은 만남이었는데, 이제는 제 의정활동의 많은 부분을 차지하고 있는 거죠. 그리고 그 과정에서 중요한 연결고리가 되어주신 분이 바로 여기 앉아 계신 전진한 소장님이고요. (웃음)

전진한 제 주위의 기록 전문가들을 만나면 이재정 의원님 이야기를 많이 해요. 오늘도 이야기를 들었는데, 기록이란 분야 자체가 지금까지 그렇게 대중적인 분야가 아니라서 '스타'가 되기 힘들거든요. 그런데 박근혜 정부의 캐비닛 기록을 직접 봤다는 것, 기록관리 혁신의 시작점을 알렸다고 하는 것, 그리고 우리가 기록 관련 활동을 함께한 지 불과 몇 달 되지 않았는데도 대통령기록관장, 국가기록원장이 민간 전문가 중에서 임명되고 있잖아요. 이런 일련의 일들을 접하면서, '기록인'으로서 정말 눈물이 날 지경입니다.

기억하시겠지만 그 시작은 2016년 11월, 한국기록학회, 한국기록전문가협회, 알권리연구소가 이재정 의원실과 함께 주최했던 '최순실 사태와 대통령기록'이라는 국회 토론회였어요. 그 당시 느낌이 어땠어요?

이재정 맞아요. 우리 전진한 소장님을 통한 기록과의 운명적인 만남, 거기에 더해서 마치 결혼도 '타이밍'인 것처럼 사건도 '타이밍'이더라고요. (웃음) 박근혜·최순실 게이트가 흘러가는 과정에서 소위 캐비닛 문건들이 발견되었잖아요.

전진한 '고아기록'이라고 하더라고요. 하하하.

이재정 고아기록? 아, 재밌지만 참 서글픈 느낌이네요. 어찌 됐든 기록물이 이렇게 이슈의 중심이 될 줄은 우리 누구도 몰랐잖아요. 그리고 전진한 소장님이나 여러 기록관리 전문가들이 일선에서 묵묵히 해 오신 활동이 결국은 화룡점정이 되었던 거고요. 그러니까 물과 불, 공기의 모든 타이밍이 전진한 소장님의 소개로 만난 저와 기록물과의 만남에 불을 지핀 거죠.

전진한 제가 좋은 중매를 했던 것 같아요.

이재정 네, 좋은 중매를 하신 거죠. 그때 첫 토론회 이야기를 하면, 기록물이라는 주제는 사실 우리가 야당이었던 그 당시조차도 국회의원은 물론이고, 권력기관에 속하는 부류의 사람들에게는 참 두려움의 대상이었나 봐요. 그랬기 때문에 저에게 조언을 주던 정치 선배님들도 기록물 관련해서는 우리가 집권할 수 있는 가능성이 언제든 열려 있는 상황에서 매우 섬세하게 다루어야 한다는 조언을 안팎으로 하고 있었어요.

사실 토론회를 개최하는 것이 아무런 장애가 될 것도 없었고, 응당 했어야 될 것인데도 그 안팎의 조언들 때문에 시간이 아주 많이 걸렸어요. 의원실에서도 신중론을 내세우는 보좌진도 있었고요. 그러다가 못 할 이유가 뭐가 있나, 하자! 하고 결단을 내린 거죠. 이처럼 기록이라는 것은 알게 모르게 권력기관들에게 두려움이라는 역사적 인식은 누구나 다 가지고 있었던 것 같아요.

전진한 맞아요. 그동안 권력기관이나 여야를 막론하고 기록을 이야기한다는 것은 부담스러운 주제였죠.

이재정 우리 토론회가 어려웠던 과정을 봐도 알 수 있고요.

전진한 기록인들 쪽에서 지금 계속 이야기를 하고 있는 게 대통령기록물법 개혁과제나 공공기록물법 개혁과제에 대한 고민을 그대로 문재인 정부에 적용하면 어떻게 감당할 수 있겠느냐는 거예요.

이재정 개정안 마련의 고민 지점을 이야기하는 거군요.

전진한 개정안 마련의 명분을 얻기 위해 제가 여러 TF에 참여하면서 고민을 많이 했거든요. 그런데 원칙을 벗어나면 우리 스스로의 정당성을 잃어버리게 되고, 예외라는 게 계속 발생하다 보면 나중에 집권 끝나고 한 일이 없게 되거든요. 그래서 큰 원칙을 가져가는 것이 우리 민주정부의 원칙이 아닌가 하는 생각이 들었습니다. 그래서 이번에 많은 갈등이 있긴 했지만 어쨌든 제가 제안한 안이 TF에서 많이 반영되었거든요. 이게 실제 법안이 될지는 모르겠지만 앞으로 의원님도 원칙적인 부분에서 검토해 보면 좋을 것 같다는 생각입니다.

― 박근혜의 캐비닛 기록, 그 판도라의 상자를 열다

전진한 이재정 의원님은 캐비닛 기록이라고 하는, 정말 우리나라 역사에 유례 없는 소위 고아기록, 유실기록을 직접 보셨잖아요. 그런 경험을 한 국회의원이 없을 거예요. 그렇잖아요. 보통 국회의원은 보좌진이 만들어준 내용으로 질의하고 그러지, 분류조차 제대로 되지 않은 메모 수준의 기록을 직접 보고, 그 안에서 무엇을 찾아낸 의원이 지금까지 있었을까요? 우리나라 역사상 처음 있는 일 같아요.

이재정 당시 많은 사람들이 캐비닛 문건의 실체를 궁금해 했고, 그 실체에 다가가고 싶었기 때문에 저를 비롯한 많은 의원들이 국감 전부터 자료요구 방식으로 국가기록원에 요청을 했었어요. 문건의 내용만 확보된다면 국감에 적절한 소재로 활용될 것이라는 것을 누구나 다 알던 상황이었고요. 그런데 그 어떤 분도 직접 가겠다는 발상의 전환은 못 하던 상황이었죠. 통상 하던 방식으로 자료 요청을 하면 정리해서 올 것이라고 생각했던 것 같아요. 특히 제가 직접 가서 그렇게 적어온 다음에, 여야를 막론하고 다른 의원님들도 이제 방법을 아셨으니, 줄지어서 기록원을 찾으실 거라고 생각하고 있었어요. 그런데 그러지 않으시더라고요. 심지어 "제가 또 한 번 갈 예정인데 함께 가실래요?" 하고 동료 의원님께 여쭈었더니, 그 정도 시간을 오롯이 빼서 거기에 종일 있을 수가 없다며 현실적인 난감함을 토로하시더라고요. 적폐청산에 아주 열의가 높은 우리 당조차도 의정활동 가운데서 그 정도 시간을 빼는 것이 사실상 쉽지 않은 거죠.

그런데 자유한국당 같은 경우라면 맞불을 놓기 위해서라도 유사기록을 보기 위해 같은 방식으로 할 수 있었음에도 불구하고 그렇게 안 했어요. 그러니까 보좌진이 아닌 의원만 열람할 수 있는 상황에서, 정작 의원들은 그 일을 할 수 없었던 거죠. 저는 불편하고 좀 고된 일이긴 했지만, 아직 의원이 하는 일과 보좌진이 하는 일의 구분이랄까요, 그런 전형적인 인식에 제가 길들여지지 않았기 때문에 가능했던 것이고 앞으로도 그렇게 길들여질 생각은 없어요. 어떻게 보면 앞으로 국회가 달라져야 될 여러 가지 부분들 중의 한 부분을 제가 경험하고 왔다는 생각도 들어요.

전진한 맞아요. 저는 국가기록원에서 의원이 직접 오면 보여주겠다고 원칙을 정한 게, 바로 의원들이 일하는 방식의 한계를 꿰뚫어 본 게 아닌가 하는 생각이 들었습니다. 이게 놀라운 일이에요. 국가기록원에 와서 직접 보라고 하면 분명히 안 온다고 생각했는데, 이재정 의원이 이틀이나 와서 봤단 말이에요.

이재정 사실 저도 변호사 업계에서는 이제 후배 변호사가 더 많은 '중견 변호사'거든요. 그런데 국회에 와서는 '막내'이고 '젊은 의원'에 속해요. 몸이 가벼운 젊은 정치인이 지금 없기도 하고 또 젊은 생각을 가진 의원이 많이 부족하기 때문에 이런 상황이 벌어지는 것 같아요.

전진한 이번 일은 국회에 시사하는 바가 매우 크고, 앞으로 우리 국회의원들도 발상의 전환을 해야 한다는 것을 뚜렷이 보여준 것이라고 생각합니다. 그냥 옛날 방식대로 자료 갖다 달라 해서는 안 되는 거예요. 어쩌면 국회의원들이 꼭 해야 할 일은 직접 가서 현장을 둘러

도서출판 한티재

도서목록

www.hantibooks.com

 대구시 수성구 달구벌대로 492길 15 (범어동) | www.hantibooks.com
Tel. 053-743-8368 | Fax. 053-743-8368 | hantibooks@gmail.com

생태주의 역사강의

근대와 국가를 다시 묻는다

백승종 지음 | 276쪽 | 14,000원

『정조와 불량선비 강이천』으로 제52회 한국출판문화상을, 『금서, 시대를 읽다』로 2012년 한국출판학술상을 수상하면서 독자와 학계의 호응을 받았던 백승종 교수. 이 책은 '근대'와 '국가'라는 이데올로기에 사로잡힌 주류 역사연구의 한계를 넘어서고자 하는 실천적 지식인으로서 저자의 문제의식을 집약한 저작이다.

"한 사람의 역사가로서 나는 무엇을 할 수 있을까?" 실천하는 역사학자 백승종 교수가 파국에 직면한 우리 삶과 생태계 앞에 던지는 질문과 제언이 담겨 있다.

시대의 끝에서

성서와 역사 이야기

박경미 지음 | 276쪽 | 14,000원

이 책에서 만나는 구약과 신약의 시대, 인물과 사건들은 박경미 교수의 탁월한 이야기를 통해 바로 지금 이 시대 우리의 모습, 우리가 마주하고 있는 과제들로 되살아난다. 그것은 정치적·경제적 위기만이 아니다. 우리가 애써 외면하고 있지만 사실은 근본적으로 우리 삶의 토대를 위협하고 있는 문명의 위기, 인류 생존의 위기에 대한 성찰과 극복으로 나아간다. 위기에 대한 직시와 성찰은 용기를 필요로 한다. 저자가 성서와 역사의 대화로 독자들을 초대하여 들려주고 싶은 이야기는 결국 이 용기와 희망에 관한 것이다.

한티재 교양문고

품위 있는 공동체의 바탕은 시민의 교양입니다.
사람과 사람, 사람과 자연, 오늘 세대와 내일 세대의
공생공락을 꿈꾸는 독자들과 함께하겠습니다.

"한티재 교양문고는 문학, 역사, 철학, 종교, 예술 등 다양한 분야로 계속 나옵니다."

천둥의 뿌리

이하석 시집

이하석 지음 | 132쪽 | 8,000원

이하석 시인의 이번 시집 『천둥의 뿌리』는 수십 년의 인고 끝에 마침내 터뜨린 '거대한 울음'이자 가장 냉정하게 기록된 '치열한 고발'로 읽힌다. 작년 이맘때 나온 시집 『연애 間』의 몇몇 작품들, 가령 「밥」 「가창댐」 「사람들」 등이 이미 오늘의 폭발을 예고하고 있거니와, 시집 전체가 이번 『천둥의 뿌리』에서처럼 하나의 주제를 중심으로 '화엄적(華嚴的) 대오'를 형성하고 있는 예는 우리 시의 역사에도 드물 것이다.

— 염무웅 (문학평론가)

2017 이육사시문학상 수상
한국출판문화산업진흥원 '2017 세종도서 문학부문' 선정

한티재 시선

"한티재 시선은 좋은 시집 원고를 기다립니다."

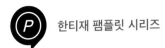

한티재 팸플릿 시리즈

보고 문건도 보고 하는 것인데, 그런 부분에서 정말 중요한 역할을 했다고 봅니다.

이재정　뭐 평가해주신 측면은 감사하지만 다른 측면에서 저는 오히려 그 기록들을 보좌관들도 볼 수 있어야 한다고 생각해요. 지금 300명밖에 안 되는 국회의원이 감당해야 될 여러 소관부처 등을 생각하면 보좌관들도 열람을 하고 그걸 종합해내는 역할을 의원이 할 수 있다고 봐요. 더 개혁적으로 생각한다면 지금의 4급 보좌관 수준으로 일하는 국회의원이 많아져야 합니다. 그렇다면 같이 가서 몸을 부대낄 수 있는 현장형 의원이 될 수 있는 거죠.

전진한　사실 그동안 공공기관에서 '열람'이라는 방식을 통해 청구인들을 괴롭혔던 것이 사실이에요. 직접 와서 열람만 하라고 해서 제가 참여연대에 있을 때 소송을 한 적도 많거든요. 청구인이나 국회의원 등 자료가 필요한 사람들을 괴롭히는 방식인데, 일반 청구인들도 직접 가서 보는 게 쉽지 않거든요.

이재정　그래도 저는 국회의원으로서 특혜도 일부 받은 것 같아요. 왜냐면 저도 변호사였지만 열람이라고 하면 볼 수만 있고 옮겨 적는 것을 못 하게 해요. 그건 정말 치사한 방해거든요. 그래도 적겠다, 안 된다 하는 구차스런 논쟁은 안 하고 돌아왔다는 건 그나마 다행스럽게 생각해야 되나요? 하하하.

전진한　그리고 사실 캐비닛 문건보다 더 심각한 게 제가 말했던 청와대 공유파일이에요. SBC(Server-Based Computing, 서버기반컴퓨팅)라고 하는 건데요, 이게 4테라바이트(TB)이거든요.

이재정　이것은 아마 여기서 처음 이야기하게 되는 거 같아요.

전진한　이건 국가기록원장이 직접 밝힌 거죠. 그런데 4테라는 일반 사람이 볼 수 있는 크기가 아니란 말이에요. 문서로 수백만 장이거든요. 이것에 대해서 대통령기록관에 평가위원회를 만들어서 국민들과 공유해야 할 것 같은데요. 어떻게 생각하세요?

이재정　제가 충분히 다 파악하고 있지는 않지만 그 4테라의 기록 가운데에는 우리가 열람을 한다면 지루할 정도의 단순 정보들이 엄청나게 많고, 그 안에 역사적으로 유의미한 기록들 또는 지금 현재 범죄의 증거가 될 수 있는 기록들이 섞여 있는 거죠. 그래서 이 기록들을 종합하기 위해서는 사실상 한 시대를 정리한다는 측면에서 접근해야 된다고 생각해요. 언젠가는 해야 할 일이기 때문에 역사적 문제인식이 확실한 지금, 제안하신 방식이나 유사한 방식으로 정리될 필요가 있다고 봅니다. 지금 바로 결단할 필요가 있다는 데에 동의합니다.

전진한　지금 정리하지 않으면 그냥 통으로 쓰레기처럼 방치될 것이기 때문에 향후 국회 차원에서도 문제제기를 계속 해주시면 좋겠어요. 당시 작성되었던 수많은 문건 중에 글자 한자 한자 때문에 피해본 사람이 너무 많거든요. 반드시 진실이 밝혀지면 좋겠습니다.

이재정 지금 안 하면 나중에 더 힘들어져요. 역사적 문제인식이 이만큼 가득 차 있을 때에도 어려운 일인데, 향후에는 더욱 어려운 일이 될 거예요.

─ 여당 국회의원, 이재정

전진한 지난 12월에 정보공개법 개정안을 발의하셨어요. 마침 정부안도 국무회의를 통과해서 본격적인 심의를 할 거 같은데요. 이재정 의원안이 훨씬 개혁적이라는 평가가 지배적입니다. 어떤 마음으로 발의하셨어요?

이재정 사실 여당 의원의 발의안이에요.

전진한 그렇죠. 무게감이 다르죠.

이재정 국회의원이 법안을 발의할 때 반드시 관철시켜야 하는 노력은 야당일 때나 여당일 때나 똑같다고 봐요. 그러나 여당 의원이기 때문에 통과 가능성만이 아니라 정부 부처와의 조율도 중요하고, 또 그런 역할을 잘하는 의원들에게 의정활동 점수를 많이 주는 게 냉정한 현실이에요. 그래서 학계나 시민사회에서 겪는 여러 가지 어려운 상황들을 망라한 가장 이상적인 법안은 말 그대로 이상적인 법안이라고 치부하기 쉬운 현실에 놓여 있어요. 저 역시 고민이 없었던 것은 아닙니다. 그런데 누군가는 어떤 방식의 타협안, 또 다른 개정안을 내더라도, 최소한 이 정도의 의견을 국민들이 요구하고 있다는 본보기로 삼을 수 있는 법안이 있어야 한다는 생각이었어요.

이번 개정안은 전진한 소장님이 지난 16년 동안 정보공개 활동가로서 현장에서 발로 뛰며 느낀 정보공개 제도의 개혁과제들을 중심으로, 많은 기록 전문가들의 고민을 수렴하여 제안해 주신 안인데요. 어떤 의미에서 보면 시대적 헌법, 정보공개법의 헌법과 같은 기조로 작업했다고 봅니다.

전진한 말씀을 듣다 보니 궁금해지는데요. 국회에서 야당도 하고 여당도 해보셨잖아요. 야당은 사실 문제제기를 날카롭게 할 수 있는데, 여당은 제가 봐도 참 힘들 것 같아요. 의원님이 보시기에 정부의 활동을 도와주는 것이 여당 의원인지, 아니면 국민들의 안을 수렴하고 적극 반영하는 것이 여당 의원의 역할인지……

이재정 아주 긴 시간 동안 다양한 방식으로 여러 의원님들하고 이야기해 봤는데요. 사실 전에 여당 경험이 있는 정치인이라고 해서 정답이 있는 것도 아니거든요. 개혁 과제, 시대적 요구가 다르고 처한 현실이 다르기 때문에 각자 놓인 당직이나 국회의원 선수(초선이냐 재선이냐 하는) 등에 따라 외부에서 바라보는 무게감도 다르고요.

저는 이렇게 정리를 했어요. 국회 내에서는 정말 치열하게 다투겠다, 또 당 내에서도 정말 치열하게 다투겠다, 그리고 절차를 통해서 수렴한 의사가 만약 당론이나 조직적 차원에서 결단한 것이라면 그때는 도와주는 게 맞다. 나는 옳았는데 당신들은 틀렸어 하고 계속 비난하는 것은 같은 당 소속 정치인으로서 옳은 태도는 아닌 것 같고요.

그러니까 나의 염결성만 주장하는 것은 아니되, 다만 그 과정에서 치열하게 토론을 해야 되는 거죠.

이런 과정에서 개정안이라고 하는 것은 하나의 제안과도 같은 거예요. 그렇기 때문에 정부가 받아들일 수 있는 수준, 야당이 받아들일 수 있는 수준을 미리 고민해서 개정안을 낼 필요는 없다고 생각해요. 저는 이번 정보공개법 개정안에 대해, 이게 국민의 요구라는 것을 국회 안에서 분명히 말씀드리고자 합니다.

전진한 좋은 이야기입니다. 저도 2004년에 참여연대에서 정보공개법 개정안을 준비했었는데요. 그 당시 정부안이 있었는데 결국 정부안을 받아서 국회의원들 로비를 같이 했어요. 우선은 조금이라도 발전하는 게 중요하니까요. 한 가지 아쉬웠던 점은 그때 정부에 참여연대 안을 보여주고 싶었는데 그렇게 하지 못한 것입니다. 이게 앞으로 가야 할 방향이라는 것을 말해주고 싶었거든요.

이재정 제가 발의한 정보공개법 개정안에 대해 다른 의견을 가진 의원이 있을 수 있고 또 다른 개정안을 낸 의원도 있을 거예요. 국회 상임위원회 별로 법안에 대해 심의하는 법안소위 회의에서는 아마 각 조항들에 대해 찬반 의견들이 다투어질 텐데요. 그 논쟁, 논의의 자리에 놓일 수 있어야 한다는 측면에서는 개정안은 반드시 필요한 것이라고 생각합니다.

전진한 개헌 이야기를 잠깐 해볼게요. 우리 헌법에 특이하게도 '알권리'라는 표현이 없어요. 예를 들면 출판의 자유, 집회의 자유, 이런 것만 포함되어 있는데, 제가 예전부터 강조해 오던 '국민의 알권리'라는 것이 꼭 명시적으로 들어갔으면 좋겠어요.

이재정   알권리뿐만 아니라 기본권임에도 불구하고 헌법에 명시적으로 들어가 있지 않은 권리들이 많아요. 예를 들어 생명권만 하더라도 우리는 당연히 들어가 있을 것이라고 생각하는데 없어요. 없지만 해석을 통해서 인정하고 있는 헌법상 기본권이죠. 인정되는 권리인 것은 맞지만 특히 더 요구되는 권리는 한 번 더 강조하고, 법률이 헌법을 왜곡하지 않도록 가이드를 주고 의지를 주문한다는 측면에서 명문화가 중요하다고 봐요.

우리가 박근혜·최순실 게이트를 거치면서 권력을 감시하고 견제하는 주권자로서의 권리에 대해 배우게 되었잖아요. 그리고 그 권리를 행사하기 위해 가장 기본이 되어야 할 권리가 알권리라는 것을 인식하는 시대였고요. 그렇기 때문에 새롭게 만들어질 공화국 헌법이라면 알권리는 충분히 개헌안에 반영되어야 된다고 생각합니다.

전진한   1987년 개헌만 하더라도 사실은 알권리라는 게 큰 의미가 없었어요. 당시에는 정보공개 청구권이 있었던 것도 아니고 기껏 국회의 국정감사권 부활한 것 정도였죠.

── **여의도의 이미지 정치가 남긴 것**

전진한   우리가 그동안 인터뷰를 하면서 박근혜·최순실 이야기를 해

왔어요. 그런데 저는 최순실에 대해서는 그렇다고 치더라도 박근혜 전 대통령은 18년 동안 정치를 했고 5선을 했단 말이에요. 당 대표가 되고, 공당의 대권 후보가 되고, 결국 대통령까지 되었단 말이에요. 이건 지금 우리나라 정치 시스템이 망가져 있다는 뜻 아닌가요? 어떻게 보세요? 그렇게 18년 동안 국민을 속일 수 있는 건가요?

이재정 여러 가지 이유를 찾을 수 있을 것 같은데요. 우리 정치는 사실 이미지 정치에 많이 의존하는 것도 사실이고 대중정치적 요소를 부인할 수 없어요. '일 대 다'의 소통과 '다 대 다'의 소통은 소위 말하는 상징으로 자신의 모든 의지를 담아서 표현해야 하기 때문에 이미지 정치를 할 수밖에 없는 현실이 있는 거죠. 그리고 이미지만으로 정치하는 사람들이 생명력을 가질 수 있도록 해온 것도 사실이에요. 동료 간에든 국민이든 검증할 수 있는 제대로 된 정치적 소통체계를 갖지 못했던 거죠. 오히려 자신의 생각을 드러내고 검증을 받으려고 검증대 위에 나선 정치인들이 난도질당하게 되는 역설적 상황에서는, 이미지를 만드는 데 더 치중할 수밖에 없는 거고요. 그래서 그 사람이 가진 생각과 제안하는 법, 토론할 때 이야기하는 정치적 입장은 실제로 그렇지 않은데도 마치 개혁적인 것처럼 보이는 정치인들이 있잖아요.

우리가 알권리에 대해 많이 이야기했지만 그 내밀한 정치적 소통의 과정과 진짜배기 대화에는 국민들이 접근할 방법이 없는 거예요.

전진한 국회에 많은 기자들이 출입하는데, 그런 것을 제대로 보도하는 기자들이 없다는 뜻이기도 하네요.

이재정 그렇죠. 그리고 또 모종의 카르텔인 거죠.

전진한 그런 왜곡된 언론구조가 18년이라고 하는 기간 동안 박근혜를 계속 이미지화해 주었고, 그 이후 4년 동안 국정을 파탄시키는 원인이 되었는데요. 앞으로 어떻게 예방해야 됩니까?

이재정 아주 많은 이야기를 할 수 있겠죠. 우리가 정말 최악의 상황을 경험했으니까요. 얼마나 더 나쁜 상황이 있을까 상상하는 것이 불가능할 정도로 최악의 상황을 경험한 우리 국민이, 오늘 이상으로 역사를 후퇴시키지는 않을 거라고 장담해 볼까요?
국민들이 이제 더 이상 박근혜 정부와 같은 방식을 용인하지 않을 거예요. 그리고 각각의 조직들도 다 복원이 되어야죠. 우리가 이야기하는 적폐청산이라는 게 시스템적 복원이라는 것도 있는 건데, 시스템적 복원이 되는 과정에서 우리가 반드시 짚고 넘어가야 할 것은 그 상황을 용인한 사람들에 대해 적절하게 비판하고 책임을 묻는 거라고 봐요. 그러니까 가담한 사람뿐만 아니라 용인한 사람 스스로도 책임을 져야죠. 그렇게 해서 사회의 모든 조직 시스템이 건강해져 가는 거예요. 조직과 사람이 건강해지는 게 방법이라고 봐요.

— 잊지 못할 첫 대정부 질의

전진한 2016년 가을 대정부 질의 때였던가요? 당시에 제가 정말 인상적으로 봤던 게 오방끈을 가지고 황교안 국무총리 앞에서 흔들었잖아요. 어떤 국민들은 그 의미를 잘 이해하지 못해서 "지금 뭐 하는 거지? 왜 저걸 가지고 뭐라고 그러지?" 하는가 하면, 또 한편에서는 박근혜의 국정농단에 대한 정말 '핵사이다' 급의 퍼포먼스를 보여줬다고 열광하기도 했고요. 과연 그때 의원님에게 오방끈은 어떤 의미였어요?

이재정 퍼포먼스라고 하면 미리 기획을 해야 되잖아요. 사실 그날의 행동은 기획된 게 아니에요.

전진한 아, 기획된 게 아니었어요?

이재정 전혀요. 그날 저는 제가 준비했던 PPT를 띄워 보지도 못하고 끝낸 거예요. 1차적 책임은 황교안 전 총리의 답변 태도에 있었어요. 황교안 총리도 법률가였잖아요. 그날 제가 대정부 질문 마지막 질의 순서였는데, 앞선 의원들의 질의에 답변하는 태도가 "너네는 법을 모르고 나는 법을 아는데, 네가 나를 그렇게 비난하려면 증거를 가져와" 하는 식의 답변을 지겹도록 하는 거예요. 국무총리라는 위치에서 할 이야기가 아니라 딱 검사의 마인드인 거죠. 그 부분만큼은 저도 법률가인 마당에 절대 용인하지 않겠다고 무대에 오르기 전부터 각오하고 있었죠.

그때 제가 들고 나왔던 달력과 오방끈은 사실 우리 의원실 보좌진이 사용하고 있던 개인달력이에요. 그런데 대정부 질문을 준비하다 보니까, 마침 오방색 끈이고 사실상 문체부에서 배포를 했으니 최순실과의 관련성이 충분히 있겠다 싶어 모두발언 때 간단히 언급하는 정도로 계획했어요. 이런 것도 국가 자원을 들여서 했다 정도로 하고 넘어가려고 했던 건데, 황교안 총리의 답변 태도가 국민을 대표하는 국회의원의 질의에 답변하는 것이 아니더라고요. 최순실 사태에 대해 어떻게 생각하느냐는 질문에도 본인은 그렇지 않다고 생각한다, 최순실에 의해 국가 자원이 투입된 것에 대해 어떻게 생각하느냐 했더니, 역시 본인은 그렇지 않다고 생각한다고 답변했죠. 그래서 증거 여기 있다고 최순실 국정농단의 증거를 가져다 준 거죠.

전진한 그 근거라고 생각하신 게 예산낭비에요? 아니면 이 사람들이 일종의 사이비 종교 같은 데 심취한 것에 국가가 동원되었다고 생각하신 거예요?

이재정 사실 오방색 자체는 죄가 없어요. 저는 오방색을 가지고 미신이라고 한 것도 아니고, 우리 전통 문화로서는 굿 자체도 연구도 하고 국가적 지원도 합니다. 그런데 공적 조직에 최순실이 개입한다는 측면에서 있을 수 없는 일이고, 또 그런 개인의 신봉 종교가 국가의 예산을 사용해서 전파되거나 누군가에게 홍보된다는 것도 말이 안 되는 거죠. 여러 가지 당시 일어났던 상황들을 상징적으로 보여주는 물건인 것 같아서 오방끈을 들고 갔던 거고, 또 거기에 황교안 총리의 안하무인식 답변에 '증거'로 답한 거죠.

전진한 당시에 정말 국민들 반응이 뜨거웠어요. '이재정'이란 이름이 대정부 질문 다음날까지도 다음이나 네이버 같은 포털 실검 1위로 올라가 있었고요. 매우 다양하고 의미심장한 해석으로 국민들이 그

장면을 지켜보았죠.

이재정　하지만 저희 의원실은 너무 안타까워했죠. (웃음) 며칠을 준비한 질의서와 PPT는 제대로 띄워 보지도 못했으니까요.

── 우리가 바라는 지도자는?

전진한　박근혜 대통령이 가장 잘못한 것 중 하나가 자신의 권한을 행사하지 않고 계속 회피했던 것이잖아요. 책임을 지지 않은 거죠. 책임을 지지 않다 보니까 기록도 안 남기고 또 기록을 안 남기다 보니까 헐레벌떡 도망가다 실수로 캐비닛 기록을 남긴 거죠. 이런 대통령이 있는가 하면, 지난번 인터뷰에서는 저랑 같이 박원순 시장의 기록을 보셨잖아요. 어떤 느낌을 받으셨어요? 저는 박근혜 대통령과 비교하니 정말 너무 극과 극이었던 것 같아요.

이재정　그때 참 인상적이어서 제 휴대폰 카메라로 찍어 오기도 했는데요. 청년, 택시, 신혼부부, 용산철거, 그리고 각 현장 이야기 등에 관한 파일들이 제목별로 분류되어 있고, 그 제목을 시장님이 직접 써 놓으셨더라고요. 빼곡하게 꽂아 놓은 책장의 파일들을 보는 순간, 그것들을 손수 적을 때 시장님이 어떤 각오와 다짐으로 적으셨을까 느껴져서 코끝이 찡했어요. 파일의 제목을 적으며 그 정책이 얼마나 잘 계획되고 집행되는지를 꼼꼼히 챙겼을 시장님과, 어떤 것 하나도 나는 책임지지 않겠다고 미리부터 발뺌할 각오를 하고 있었던 박근혜 대통령은 정말 극과 극이었죠.

전진한　그런 걸 시민들이 모를 것 같지만 박원순 시장 시정 지지도를 보면 아주 높게 나오잖아요. 저는 그래서 국민들이 무섭다고 생각해요. 박원순 시장이 일을 열심히 했다는 걸 알고 있고, 같은 시기에 박근혜 대통령은 나라를 망쳤다는 걸 잘 알고 있는 거죠.

또 요즘에 보면 문재인 대통령의 행보 하나하나마다 우리 국민들이 큰 위로를 받고 있는 것도 사실이고요. 박근혜 대통령과 비교하니 어떻게 저렇게 소탈할 수 있을까 생각하게 되는데요. 의원님은 문재인 대통령의 행보를 어떻게 보세요?

이재정　야당 의원님들은 '쇼(show)통'이라고 하잖아요. (웃음)

전진한　'쇼통'이라도 하는 게 얼마나 좋아요? (웃음)

이재정　그런 쇼라면 계속 하시라 말씀 드리고 싶어요. 저쪽에서 쇼라고 하는 행보들이 당장 저만 하더라도 나와 다르지 않다는 생각을 많이 하게 돼요. 제가 국회의원이지만 대통령 만나기 쉬운 건 아니거든요. '와! 대통령이다' 하는 마음은 국민들하고 똑같아요. 그렇지 않나요? 하하하. 그런데 문재인 대통령의 행보를 보면서 정말 내 이웃 같다는 생각을 자주 하게 되거든요. 이웃 같다는 말의 의미는, 내 입장을 알 것 같은 대통령이고, 그만큼 신뢰감을 주고 있다는 뜻이죠. 이제 문재인 대통령의 남은 과제는 내 마음을 알아줄 것 같고 내 입장을 대변해줄 것 같다고 말하는 국민들의 기대에 제대로 부응하는 거겠죠.

전진한 문재인 대통령의 공감 능력은 정말 탁월한 것 같아요. 공감 능력이 하나도 없던 대통령과 공감 능력이 아주 뛰어난 대통령이 너무 상반되어서 높은 지지도를 계속 유지하고 있다는 생각이 듭니다. 대통령의 그런 진정성 때문에 이번에 북한의 김정은 위원장도 반응을 한 것 같다는 느낌도 많이 들고요. 큰 평가를 받아야 할 것 같다는 생각이 드는데요?

이재정 그동안 여당 내에서 의견을 조율하고 속도를 조절하고 정책의 우선순위를 정하는 내부과정들을 봐왔어요. 그렇기 때문에 많은 것들을 몇 달 안에 완벽한 모습으로 국민들 앞에 실현시켜 보여드릴수는 없다는 것을 너무 잘 알아요. 하지만 문재인 대통령은 방향과 목표에 대한 인식이 분명한 분이고, 많은 청와대 보좌진뿐만 아니라 우리 여당 의원들도 명확하다고 생각해요. 대통령 임기라는 것이 어찌 보면 아주 짧고, 또 어떤 것들은 단기간에 성과를 이루어내지 않으면 당장 오늘 하루가 팍팍한 국민들이 있기 때문에 시간이 급한 일도 있어요. 그런 우선순위를 정할 때에 최대한 실수하지 않게, 한 치의 시행착오도 없게 하기 위해서 24시간 날이 서서 일하고 있는 일꾼들이 있다는 것을 믿어 주셨으면 좋겠습니다.

전진한 그럼에도 아직 성과를 못 내신 부분들이 있어요. 특히 여소야대이기 때문에 어려움이 많은 걸 잘 알고 있는데요. 대표적인 게 몇 가지 있죠. 검찰개혁도 그렇고, 개헌도 마찬가지죠. 문재인 대통령 집권

기간 동안에 특히 국회의 역할이 중요하다고 보는데 어떻게 보세요? 특히 검찰개혁 같은 문제는 야당의 동의 없이는 못 할 것 같은데요.

이재정 예, 그렇죠. 저는 언론 인터뷰나 강연 등에서도 여러 번 지적했지만, 숫자로 정치를 이야기하면 뻔해요. 현재의 여당은 문재인 표 법안을 통과시킬 수 있는 숫자가 안 되고 야당의원들이 모두 반대한다면 통과시킬 수 있는 법안이 단 한 개도 없거든. 국민들이 요구하고 간절히 기대했던 것을 한꺼번에 꺾어야 하는 상황이 올 수도 있고요. 최대한 그러지 않기 위해 국민적 기세를 보여주는 게 중요하다고 생각해요. 자, 봐라. 국민들 요구가 이런데 야당이 감당할 수 있겠느냐, 할 만큼 국민적 요구가 활발하게 국회 내로, 그리고 정치권 내로 구체적으로 들어와야 된다고 생각해요. 그런 조건을 국민들이 알아서 만들어 주세요가 아니라 직접민주주의적 요소들을 다양하게 동원하고 소통하면서 의회 내에 국민의 기세를 보여주는 것, 그것도 여당의원들이 해야 할 역할인 것 같아요.

전진한 저는 그동안 검찰의 권한이 기소 독점이라고 생각했었는데, 이번에 생각이 많이 바뀌었어요. 검찰의 가장 큰 권한은 봐주는 것, 눈을 감아주는 것 아닌가 싶어요.

이재정 기소 독점이라는 게 결국은 불기소 권한이 있다는 거니까요.

전진한 예를 들면 이번에 진경준 넥슨 주식 뇌물 혐의도 대법원에서 결국 무죄가 났잖아요. 제 주위에서도 그 판결에 분노하는 사람이 많더라고요. 작년에 특검 들어오기 전까지 그렇게 많은 의혹이 있었는데 뭐 DAS 같은 것도 그렇고 검찰에서 아무도 움직이지 않고 그냥 가만히 있었던 거죠. 공소시효가 2018년 2월인데 지금에 와서야 검찰이 DAS 전담팀을 발족해서 움직이고 있고요. 검찰이라는 조직이 정말 우리나라의 적폐인 것 같아요. 어떻게 보십니까? 왜 그런다고 봐요?

이재정 여당, 야당, 보수, 진보를 떠난 또 다른 정치세력이 검찰이에요. 검찰은 우리나라 보수의 어떤 특질이나, 다른 여타 나라 보수의 특질처럼 분류하기도 힘들어요. 이념적 성향을 보수라고 보기도 어렵고요. 검찰은 권력기관이면서도 경제권력과도 묘한 가치공유의 관계에 놓여 있고, 정치집단이라고 치부해도 좋을 만큼 검찰, 여당, 야당, 또는 보수, 진보의 사이에 검찰이 있는 것 같아요. 그래서 저는 제도적 개혁이 가장 시급하다고 봐요. 어떤 분들은 검사 다 새로 뽑자고 손쉽게 이야기하기도 하는데, 권력작용에 길들여졌던 소수, 그리고 소수의 승승장구를 지켜봐왔던 다수의 인식이 바뀌기 전까지는 많은 시간이 걸릴 거라고 봅니다. 공수처 도입이라든지 몇 가지 검찰개혁 과제를 국회에서 통과시키고, 또 그 이상의 노력이 우리에게 필요하다고 봅니다.

전진한 제가 볼 때는 정말 이게 문재인 정부에서 할 수 있을까 걱정이 될 정도로 진짜 뿌리 깊은 문제인 것 같아요.

전진한 마지막으로 이 이야기를 하고 인터뷰를 마칩시다. 지금 새로운 정부에서 각종 TF들이 많이 만들어져서 결과물을 발표하고 있어요. 기록 문제와 관련이 있는 한일 군 '위안부' 협상도 그렇고, 제가 지금 하고 있는 국가기록개혁 TF에서도 그렇고, 그동안 제기되었던 여러 가지 과제들에 대해 조사를 하고 있어요. 그런데 이런 활동을 두고 TF 정권이냐, 적폐청산 정권이냐, 1년 안에 끝내겠다는 거냐, 임기 내내 하겠다는 거냐 하는 식으로 야당에서 아주 신경질적인 반응을 보이고 있단 말이에요. 어떻게 평가하시는지, 그리고 이 TF들의 결과물을 통해 앞으로 어떻게 해야 한다고 생각하시는지요?

이재정 자꾸 여러 번 이야기되는 단어를 쓸 수밖에 없는데 적폐청산 언제까지 할 거냐, 이건 정치보복이다 하고 이야기하는데, 적폐청산의 시기를 조절할 수 있는 전지전능한 분은 이 땅에 없을 거예요. 왜냐면 적폐가 남아 있다면 반드시 도려내야 하는 거니까요. 지금 적폐가 없어 보이는 평평한 땅을 억지로 파서 뭔가를 찾자는 게 아니잖아요. 분명히 냄새가 나고 오물이 흘러나오니까 파는 것이고 그게 지금 현재의 TF 활동들이고, 검찰의 수사입니다. 이것은 끝날 시기를 미리 정할 수 없는 문제예요. 적폐가 있는 한은 계속 해야 되는 게 법적 의무예요. 국회의원의 의무이고 검사의 의무이기도 하고요. 만약 대통령이 우리 정치의 화합을 위해서 이거 덮읍시다 하면, "이게 무슨 소리냐!" 하는 게 상식인 거죠.

전진한 제가 '1987' 영화를 보니 감동적으로 엔딩을 하긴 했지만, 사실은 그해 노태우가 대통령에 당선되었잖아요. 그 사실이 영화 마지막 자막으로 나오더라고요. 국민들이 열화와 같이 싸웠는데 마지막에 결과는 다른 내용이 척 나오는 거죠. 그런 게 역사의 무서움인 것 같아요. 역사의 변화는 정말 작은 것에서부터 시작된다는 생각도 다시 한 번 하게 되었고요. 그런 것을 챙기는 역할은 국회의원들만이 할 수 있는 일이라 생각되더라고요.

이재정 1987년 이후 우리 사회가 이명박, 박근혜를 거치면서 퇴보했다고 이야기하지만, 저는 이 시간을 겪으면서도 돌이킬 수 없는 공고한 가치를 분명히 축적해 왔다고 봐요. 87년 이후 노태우를 당선시킬 수밖에 없었던 우리의 역량들이 어쨌든 나중에 민주정부를 탄생시키고 국민의정부, 참여정부를 탄생시켰잖아요. 당시 노무현 대통령의 행보에는 많은 박수를 치지 못했던 국민정서에도 많은 변화가 있었고요. 그 역시 발전이 있었던 거죠. 보수정부나 불통정부를 거치면서 비로소 문재인 대통령의 행보들이 국민을 감동시킬 수 있게 된 거예요. 만약 이게 십수 년 전의 일이었다면 불안함을 느꼈을 거예요.

전진한 지금도 자유한국당 홍준표 대표는 계속 '운동권 정권'이라고 이야기하잖아요.

이재정 자유한국당도 프레임을 바꿔야 해요. '운동권 정권'은 이미 노무현 대통령을 비난할 때 썼던 방식이에요. 그때는 국민들이 처음 겪어보는 상황이었기 때문에 불안할 수 있었어요. 그런데 우리가 불통정부를 거치면서 어떤 지도자상이 우리에게 안정감을 주는지를 제대로 인식하기 시작한 거죠. 국민들이 발전했거든요. 그래서 우리는 문재인 대통령을 반갑게 맞을 수 있게 된 기예요. 지지자든 지지자가 아니든 간에요.

전진한 그렇죠. 노무현 대통령의 희생이 있었기 때문에 그렇게 된 거죠.

이재정 우리 국가기록의 역사 역시 마찬가지라고 봅니다. 퇴보한 듯 보이는 암흑의 시기 끝에 희망을 건지는 순간이 지금이잖아요. 이렇게 어렵게 건져 올린 희망이 다시 손에서 허무하게 빠져나가는 것을 이제는 지켜만 보고 있지는 않을 것 같아요.

전진한 예, 희망이란 단어로 마무리하니 좋네요. 그동안 인터뷰 하시느라고 수고 많으셨습니다.

이재정 전진한 소장님의 고생에 비하면 '새 발의 피'입니다. 상투적 표현인데요. 하하하하.

박근혜 정부는
특조위의
세월호 선체조사
보장하라!

더불어민주당
이재정 의원

전진한

기록을
지켜온
양심들

─ 기록 중매쟁이가 되어

운명 같은 만남이었다. 20대 국회의원 선거에서 더불어민주당 비례대표로 당선되었고, 몇 달 뒤 행정안전위원회로 소속을 옮긴 이재정 의원. 그는 2002년 신입활동가 시절 만났던, 나와 동갑인 고향친구다. 당시 나는 참여연대에서 정보공개·기록관리 운동을 시작했고, 이재정 의원은 사법고시 합격 후 참여연대에 와서 인턴 활동을 했다. 참 발랄·명쾌했고, 노래와 사람을 사랑하던 친구였다. 그로부터 15년 후 국회라는 큰 무대에서 다시 만나게 된 것이다. 처음에는 호칭을 어떻게 불러야 할지, 어떤 태도를 취해야 할지 혼란스러웠다.

하지만 곧 우리는 예전처럼 다시 친해졌고, 일에 집중할 수 있었다. 정확히 말하면 일에 집중하지 않으면 안 되었다. 그만큼 시국이 엄중했다. 박근혜·최순실 국정농단으로 국민들의 분노는 하늘을 찌르고 있었다. '세월호 7시간' 의혹, 청와대의 약품 및 침대 구입 내역, 태블릿 PC, 보안손님의 정체 등 각종 의혹이 줄줄이 엮여 나왔다. 그 중심에는 '기록'이 있었다. 누구보다 투명해야 할 대통령 주위에 추악한 냄새가 진동했다. 기록·정보 활동가로서 막중한 책임감이 밀려왔다. 이 문제를 '기록'의 관점으로 정리해야 된다고 생각했다.

그때부터 이재정 의원실과 토론회를 개최하기 시작했고, 기록과 관련된 각종 의혹에 대해 조사하고 폭로하기 시작했다. 놀랍게도 박근혜 정부는 탄핵된 뒤에도 자신의 치부를 대통령지정기록물로 '봉인'하는 대담함을 보여 주었다. 한쪽에서는 파쇄기를 들여와 온갖 기록을 파괴했고, 한쪽에서는 빈껍데기 같은 기록을 대통령기록관으로 이관했다. 역대 최고 분량(1,100만 건)의 기록을 남겼다고 자랑했으나, 그 기록 중 과반수는 청와대 직원 식당관리 기록이었다. 그 대담하고 추악한 행태에 말문이 막혔다. 지난 16년 동안 기록관리·정보공개 활동가로 일했지만 이런 무지막지한 행태는 처음이었다.

그러나 이런 꼼수가 국민들에게 통할 리 없었다. 대통령선거 결과 주권자들은 박근혜 정부를 심판했고, 마침내 문재인 대통령 시대가 왔다. 그런데 문 대통령 취임 후, 더욱 놀라운 사실을 알게 된다. 박근혜 정부는 청와대 곳곳에 캐비닛 기록과 공유폴더 기록을 방치했고, 그곳에는 국정농단의 증거들이 고스란히 남아 있었다. 역사적으로 자신들의 범죄행위를 '기록으로 남긴' 첫 사례였다.

이 기록들은 주인을 잃은 채 캐비닛에 방치되어 있었고, 뒤늦게 발견되어 대통령기록관으로 '회수' 조치되었다. 기록물이 회수 조치된 것이 중요한 것이 아니다. 문제는 그 내용을 분석하는 것이다. 대통령기록관에서는 국회의원에게 '열람'의 방식으로만 공개하겠다고 했다. 이재정 의원은 대통령기록관에서 이틀 동안 이 기록들을 집요하게 필사하여 분석했고, 국정감사에서 폭로했다.

이 책은 이런 과정에서 기획되었다. 그동안 각 분야에서 기록을 지킨 사람들과, 기록 문제로 싸우고 있는 국회의원을 만나게 해주고 싶었다. 내가 '기록 중매쟁이' 역할을 맡은 셈이다. 인터뷰를 하는 분들마다, 마치 오랜만에 연인을 만난 것처럼 쌓인 말들이 터져 나왔다. 나는 티를 내지 않으려고 노력했지만, 울컥하는 감정을 진정시키느라 매번 고생했다. 수시로 화장실 가는 척하고 나와서 가슴을 진정시켰다. 이 책에 등장하는 모든 분들은 각자의 현장에서 기록을 바로 세우고 지키기 위해 노력해왔다. 그분들과의 인터뷰 행간에는, 지나간 10년 동안 각자의 자리에서 싸웠던 고단함과 애환이 묻어 있다. 그분들의 눈빛을 잊을 수 없다.

─ 묵묵히 싸워온 전사들

하승수 변호사는 세월호 참사 당일 박근혜 전 대통령의 7시간 행적을 추적해왔다. 정보공개청구를 하고, 소송을 진행해오고 있다. 소송 과정에서 온갖 의혹이 터져 나왔다. 2014년 4월 16일 청와대는 무슨 기록을 생산했는지, 대통령은 어떤 지시를 했는지 집요하게 따져 물었다. 300명이 넘는 생명이 꺼져갈 때, 대통령은 무엇을 했을까? 4년이 다 되어가는 이 시점까지 그들은 아무런 답변을 못 하고 있다. 하 변호사는 변호사 자격증을 가지고도 밥벌이가 되는 소송은 하지 않고, 매번 공익 소송에 매달린다. 만날 때마다 마음이 짠해지고 감동하게 되는 것은 그의 열정과 양심에 따른 묵묵한 실천 때문이다. 앞으로 그가 변호사 본연의 일도 챙기면서 생계의 어려움도 해결할 수 있는 시대가 되었으면 좋겠다.

이번 국정농단 사태의 중심에는 국가기록원이 있었다. 정치적 중립성과 독립성을 잃은 채 무기력한 모습을 보인 국가기록원은 온 국민의 비판의 대상이었다. 국가기록관리혁신 TF에서 이 문제를 날카롭게 지적했던 설문원 교수는, 참여정부 말과 이명박 정부 초입에 국가기록원 직원(기록정보서비스 부장)으로 근무했다. 잘 알려져 있지 않지만, 20년 가까이 기록관리 현장을 지켜온 기록관리 '장인'이기도 하다. 특히 설 교수는, 대학원 시절 수업시간에 졸던 필자에게 날카로운 질문을 던져대던 무서운 선생님이기도 했다. 그는 국가기록원이 왜 독립성을 상실했는지, 현장의 경험을 바탕으로 조목조목 지적해 주었다. 늘 그 앞에 서면 주눅이 든다. 내 부실한 지식과 내공이 드러날 것 같아서 말이다.

특히나 박원순 시장의 기록은 감동적이었다. 각 분야의 주제를 모으고 기록한 각종 파일 겉면에는 박 시장이 손수 적은 제목이 있었다. 그 제목을 적을 때, 그 주제를 꼼꼼히 생각할 수 있어 좋다고 했다. 시장실은 그 흔한 장식장 하나 없이 온갖 기록으로 가득 차 있었다. 그의 수첩은 더욱 놀라웠다. 몇 년 전에 누구를 만나 무슨 대화를 나누었는지, 그때 어떤 생각을 했는지가 다 기록되어 있었다. 서울시민들이 박원순 시장을 높게 평가하는 것은 우연한 일이 아니다. 지금의 서울시정은 박 시장의 치열한 고민과 꼼꼼한 기록의 산물이라 해도 과언이 아니다. 청와대와 서울시청은 가까이에 있지만, 지난 몇 년간 거기에서 일해 온 공직자의 태도는 하늘과 땅만큼의 차이를 보여준다.

잘나가는 학원강사였다가 국정교과서 사태에 격분해 박근혜 정부의 부당함을 비판했던 심용환 소장. 그는 소위 '박사 타이틀'이 없는 '비제도권'이지만, 그 누구보다 치열한 학자이자 재야의 내공 있는

'고수'이다. 그는 인터뷰에서 박근혜 정부의 문제점을 수천 년의 역사를 '상고'하며 날카롭게 비판했다. 막힘 없는 언변과 열정적인 눈빛은 인상적이었다. 그는 '학벌 콤플렉스'를 극복하기 위해 누구보다 열심히 공부하고 또 공부한다. 나는 그동안 수많은 '박사급'들을 만났지만, 심용환 소장만큼 큰 감동을 받은 적이 없다. 그와 대화하는 동안, 엄청난 분량의 인터뷰 원고를 풀 생각에 한숨짓던 기억이 난다. 물론 그것은 인터뷰어로서는 행복한 고민이다. 그는 기록에 굶주려 있는 사람이다. 이제는 대통령기록관에 있는 수많은 캐비닛 기록에, 역사학자로서 진지한 관심을 가지고 있다. 언젠가 그 기록들이 심용환 소장의 책으로 빛을 보는 날이 올 거라 믿는다.

노무현 전 대통령의 기록정신을 바로 옆에서 지켜봤던 조영삼 서울기록원장의 인터뷰도 인상적이었다. 그는 참여정부와 서울시의 정보공개정책을 온몸으로 경험한 사람이다. 특히나 이명박 정부의 대통령기록 훼손 시도를 보고, 부당함을 언론에 폭로했다. 나는 그 원고를 쓰는 과정을 옆에서 생생히 지켜보았다. 대가는 혹독했다. 공무원 신분을 반납해야 했고, 기록물관리 전문요원 역할도 잃었다. 하지만 아무도 그의 내공까지 뺏을 수는 없었다. 서울시 정보공개정책과장으로 화려하게 귀환한 후, 집요하리만큼 정보공개정책을 밀어붙였다. 박근혜 정부가 썩어가는 동안, 서울시는 가장 투명한 곳으로 바뀌고 있었다. 그는 지난 1월 15일, 서울기록원의 원장으로 임명되기에 이르렀다. 내공 있는 사람은 어디에 있든 빛이 나는 법이다.

기록파기의 시대, 국정파탄의 시대였던 지난 9년을 각 분야에서 묵묵히 싸워왔던 '전사'들을 만날 때마다 반가움과 탄식이 터져 나왔다. 이 공존할 수 없는 감정이 교차할 때마다 '미안함'과 '희망'이 마음에서 솟는 것을 느낄 수 있었다. 이 책은 비참한 역사가 반복되어서는 안 된다는 것을 웅변하고 있다. 지난 시대를 천천히 '상고'하며, 새로운 시대의 방향성을 제시하는 '길라잡이' 역할을 할 수 있기를 간절히 바란다.